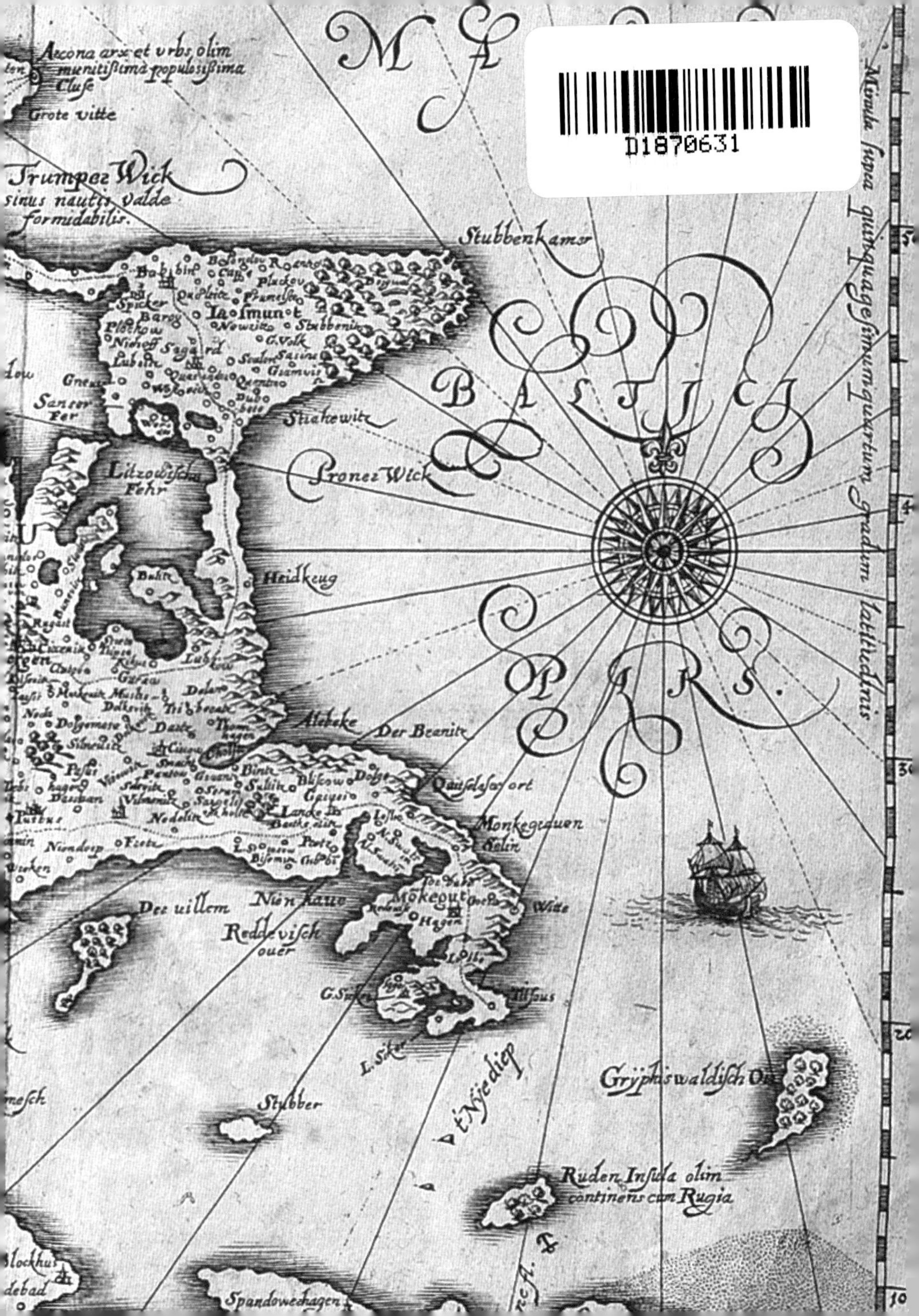

Arcona arx et urbs olim munitissima populosissima
Cluse
Grote vitte
Trumper Wick
sinus nautis valde formidabilis.
Stubbenkamer
Iasmunt
Stubbenitz
BALTICI PARS.
Pronez Wick
Heidkeug
Alebeke
Der Beenitz
Monkegraven
Selin
Der uillem
Reddevisch ouer
Mokegout
Hagen
G.Siker
L.Siker
t Nije diep
Stubber
Gryphiswaldisch Oie
Ruden Insula olim continens cum Rugia
Spandowechagen
Blockhus
Minuta supra quinquagesimumquartum gradum latitudinis

Dorf- und Stadtkirchen auf Rügen und Hiddensee

Dorf- und Stadtkirchen auf Rügen und Hiddensee

Mit Texten von Jürgen Schulz
und Fotos von Gunther Reymann

Edition Temmen

Die Deutsche Bibliothek verzeichnet diese
Publikation in der Deutschen Nationalbibliografie;
detaillierte bibliografische Daten sind im Internet unter
http://dnb.ddb.de abrufbar.

Bildnachweis
Angelika Heim: S. 17
Jürgen Schulz: S. 7, 9, 12, 49, 52, 68, 78, 90, 94, 114
Alle übrigen Abbildungen: Gunther Reymann
Umschlagfoto: Die Kirche von Groß Zicker

2., aktualisierte Auflage 2006

Hohenlohestr. 21 - 28209 Bremen
Tel. 0421-34843-0 - Fax 0421-348094
info@edition-temmen.de
www.edition-temmen.de

Herstellung: Edition Temmen
ISBN 3-86108-495-3

Inhalt

Einleitung

Als unser Herrgott die Welt erschuf und sein Werk fast beendet hatte, saß er eines Abends kurz vor Sonnenuntergang auf Bornholm und blickte von dort zur pommerschen Küste hinüber. Neben ihm lag eine Maurerkelle in einem großen Trog, in dem sich aber nur noch Reste fanden. Müde faltete der liebe Gott die Hände, denn er hatte den lieben langen Tag schwer gearbeitet. Als er aber nun so über das Wasser hinwegblickte, schien ihm die gegenüberliegende Küste doch etwas trist zu sein. Ein klein wenig müsse daran wohl noch geändert werden. So kratzte er mit einem tiefen Seufzer das letzte bisschen Baumaterial aus dem Maurertrog zusammen und warf es von Bornholm in weitem Bogen zur Küste hinüber. Aber den lieben Gott hatte die Welterschaffung wohl doch schon ein wenig ermüdet, denn der Wurf gelang ihm nicht. Alles klatschte etwa eine Meile vor der Küste ins Wasser, und so entstand Rügen mit den vielen Inselchen und Halbinseln. Ein wenig unordentlich sah das ja aus, aber der liebe Gott sagte: »Nun ist Feierabend, und alles bleibt so, wie es nun einmal ist!«

Ja, so mag es wohl gewesen sein, und darum sieht unser Rügen heute so zerrissen und zerklüftet, besser gesagt: so abwechslungsreich und vielseitig aus, mit seinen Bodden und Buchten, weich geschwungenen Hügelzügen und weiten Ebenen, leuchtenden Kreidefelsen und feinsandigen Stränden, seinen tiefgrünen Buchenwäldern und fruchtbaren Ackerflächen. An das Muttland, wie der Volksmund das Kernland nennt, schließen sich im Norden die Halbinsel Wittow, im Nordosten die Halbinsel Jasmund und im Südosten die Halbinsel Mönchgut an. Hinzu kommen etwa 15 kleinere und mittlere Inseln, deren größte Hiddensee, »dat söte Länneken«, ist. Jede Halb- und jede Nachbarinsel hat ihren eigenen Charakter und ihre besonderen Reize. Jeder Gast findet hier »sein« Rügen, ganz gleich, ob er Erholung und Entspannung sucht, ob er als Naturliebhaber den Wechsel verschiedener Landschaften erleben möchte oder sich für die zahlreichen Zeugnisse der wechselvollen Inselgeschichte interessiert.

Doch auch sein Lieblingswerk hat der Schöpfer nicht vor all den Nöten und Schicksalsschlägen, den Irrungen und Wirren der Menschheitsgeschichte bewahren können. Neid und Habgier überzogen das kleine Paradies nur zu oft mit Krieg und Tod. Machtbesessene Herrscher kamen und gingen, dem kleinen Mann blieben Hunger und Not. Schon frühzeitig mussten die Rüganer lernen, sich zu wehren und ihre kostbare Freiheit zu verteidigen. Unternehmen wir einmal mit großen Schritten und offenen Augen einen Streifzug durch die Jahrtausende alte Inselgeschichte.

Geheimnisvolle Grabstätten

Tief verborgen in den dunklen Waldungen Rügens stößt der aufmerksame Wanderer immer wieder auf gewaltige Steinpackungen aus grauen Findlingsblöcken. Auch wenn sie zum Teil zerstört sind, lassen sich bei einigen noch hausähnliche Grundzüge erkennen. In den Augen unserer Vorfahren waren sie das Werk ausgestorbener Hünengeschlechter, heute hingegen wissen wir, dass es

Hünengrab bei Nobbin

sich hierbei um die Grabstätten von Bauern, Fischern und Jägern handelt, die vor etwa 4000 Jahren in den Ostseeraum eingewandert sind. Waffen, Werkzeuge und Gerätschaften aus Feuerstein, Knochen oder Geweihsprossen sowie geschliffene Bernsteine zeugen vom Geschick dieser Menschen, aber auch von ihrem harten Kampf ums Überleben. Ihre Verstorbenen setzten sie in Totenhäusern aus Stein bei. Spezielle Grabbeigaben, zu denen auch Tongefäße mit Nahrung, Arbeitsgeräte, Waffen, Kleidung und Schmuck gehörten, sollten die Toten auf ihrer weiten und gefährlichen Reise ins Jenseits begleiten. Diese Sippengräber der Steinzeit gelten als die ältesten Kultstätten der Insel Rügen und sind als solche besonders schützenswert.

Ganz anders wirken auf uns die Gräber der Bronzezeit (1800–700 v.Chr.), die oft auf Hügeln errichtet wurden und sich auf Rügen so zahlreich erhalten haben, dass man sie als Wahrzeichen der Insel bezeichnen kann. Im Unterschied zur Megalithkultur wurden die Toten jetzt in Einzelgräbern bestattet. Statt der mächtigen Findlingsblöcke verwendete man kleinere Steine, aus denen die Grabkammer, der schützende Steinhügel und die obere Abdeckung des Grabes gestaltet wurden. Gelegentlich enthielt das Hügelgrab einen Baumsarg; seit der jüngeren Bronzezeit setzte sich jedoch ein anderer Begräbnisritus durch, bei dem die Toten nicht mehr körperbestattet, sondern verbrannt und in kunstvoll geformten Urnen beigesetzt wurden. Gut erhaltene Gräber aus dieser Zeit sind z.B. der »Dobberworth« bei Sagard, das Gräberfeld bei Woorke oder der »Speckbusch« in unmittelbarer Nachbarschaft zur Göhrener Kirche.

Noch bis ins 18. Jahrhundert hinein galten diese baumbestandenen Grabhügel im Volksglauben als »Wohnstätten der Unterirdischen«. Scheu umpflügten Bauern die alten Grabstätten, denn angeblich trieben dort der Teufel und böse Geister ihr Unwesen, während in den Hügeln unermessliche Reichtümer verborgen lagen. Und diese abergläubische Furcht hat sicherlich mit dazu beigetragen, dass die letzten etwa 600 erhaltenen bronzezeitlichen Grabstätten der Insel vor Plünderung und Zerstörung bewahrt werden konnten.

Tempelburgen und Götzenbilder

Das erste Volk, das in der Geschichte Rügens eine Rolle gespielt hat, war die seit der Eisenzeit hier ansässige Gruppe der ostgermanischen Rugier. Archäologische Funde von Gegenständen römischer Herkunft belegen Kontakte wandernder Händler mit dem Römischen Reich in der Zeit um Christi Geburt. Während der Zeit der Völkerwanderung (3.–6. Jh.) zogen die germanischen Stämme jedoch aus dem Gebiet zwischen Elbe und Oder ab, und auch die Rugier verließen Rügen und Hiddensee in Richtung Süden. In die nun leeren Siedlungsräume drangen aus dem Südosten slawische Völker vor, von denen sich der Stamm der Ranen (Rani, Ruani oder Rugiani) auf Rügen niederließ. Sie entwickelten sich zu kühnen Seefahrern, die in ihren Leistungen den Wikingern kaum nachstanden.

Mit ihren schnellen, seetüchtigen Schiffen sicherten sich die Ranen eine Machtposition im Ostseeraum, die sie schon bald mit ihren Nachbarn in Konflikt bringen musste. Hauptfeinde waren natürlich die Dänen, Konkurrenten und Geschädigte zugleich. Zäh verteidigten die Rügenslawen in wiederholten kriegerischen Auseinandersetzungen ihre kulturelle Eigenständigkeit und politische Unabhängigkeit. Zum Schutz gegen ihre Feinde ließen die slawischen Stammesfürsten an unzugänglichen Orten zahlreiche Fluchtburgen anlegen, die der Inselbevölkerung Schutz boten und auch häufig Abbilder ihrer Gottheiten beherbergten. So wurden auf Jasmund Pizamar (Hüter des Friedens), in der Herthaburg Tjarnaglofi (der Schwarzköpfige) und in Garz die drei Götter Rugievit, Porevit und Porenut verehrt.

Moderne Swantewitstatue auf Arkona

Das Haupttheiligtum der Ranen befand sich jedoch auf Arkona und war ihrem obersten Gott Swantevit geweiht. Saxo Grammaticus, ein dänischer Chronist, beschrieb das Heiligtum wie folgt: »Mitten in der Burg ist eine ebene Fläche, dort steht das Heiligtum, aus Holz in feiner Arbeit ausgeführt, mit einem hochheiligen Götterbilde und einem reichen Kulte. Außen herum war es geziert mit unbeholfenen Bildern verschiedener Art (...) Im Innersten stand das Götterbild, eine riesige Holzfigur, weit über Menschenmaß, mit vier Köpfen und vier Hälsen, die nach den vier Himmelsrichtungen sahen. Der Bart war rasiert, und das Haar so geschnitten, wie es die Rugianer für gewöhnlich tragen. In der Rechten hielt die Figur ein Trinkhorn, aus verschiedenen Metallen gebildet. Das hatte der Priester jedes Jahr zu füllen, und weissagte aus dem, was im Laufe des Jahres daraus verschwunden war, auf das kommende Jahr. (...) Der Gott besitzt auch ein schönes weißes Pferd, das der Priester zu pflegen hat. Auf dem zieht er oft nächtlicherweise gegen die Feinde seiner Religion zu Felde, und das Pferd steht dann am anderen Morgen schaumbedeckt im Stall.«

Durch Opfer, Abgaben und Geschenke wuchsen Macht und Reichtum der Swantevit-Priester. Der Tempelschatz auf Arkona galt als unermesslich und nicht zuletzt deshalb sollte das Ende schneller kommen, als es die einflussreiche Priesterschaft auch nur zu ahnen vermochte. Im Jahre 1168 nämlich rüsteten die Dänen erneut ein mächtiges Heer aus. Es stand unter dem Oberbefehl von König Waldemar I. und seinem Ratgeber, Bischof Absalon von Roskilde. Waren sie von dem Wunsch getrieben, den »Heiden« im Osten das Christentum zu bringen, wollten sie einen gefürchteten Konkurrenten im Baltischen Meer ausschalten, oder lockten in erster Linie Gold und Silber des sagenumwobenen Tempelschatzes?

Antworten auf diese Fragen liefert der anschauliche Bericht des zeitgenössischen Chronisten Helmold von Bosau. In seiner »Slawenchronik« schreibt er über die Eroberung der Tempelburg auf Arkona: »In jener Zeit sammelte König Waldemar von Dänemark ein großes Heer und viele Schiffe, um in das Land der Rugianer zu ziehen und es sich zu unterwerfen. Ihn unterstützten Kasimir und Bogeslaw, die Fürsten der Pommern, und der Obotritenfürst Pribislaw, weil der Herzog den Slawen befohlen hatte, dem Dänenkönig überall zu helfen, wo er etwa seine Macht heranführte, um fremde Völker zu unterjochen. Und das Werk gedieh in den Händen Waldemars, er nahm das Land der Rugianer gewaltsam ein, und sie gaben ihm, um sich loszukaufen, was der König verlangt hatte. Er ließ das uralte Götzenbild des Swantevit herbeibringen, das von allen Slawenvölkern verehrt wurde, befahl, ihm einen Strick um den Hals zu legen, es vor den Augen der Slawen mitten durch das Herz zu schleifen, es in Stücke zu hauen und ins Feuer zu werfen. Dann befahl er, sie sollten von ihrem Irrglauben lassen, in dem sie geboren waren, und den Dienst des wahren Gottes annehmen. Er stiftete Geld zum Bau von Kirchen, und es wurden zwölf im Land der Rugianer errichtet.«

So verloren die Rügenslawen ihre Unabhängigkeit, die Insel blieb zwar selbstständiges Fürstentum, stand jetzt aber unter dänischer Lehnshoheit. Der alte slawische Handelsplatz Ralswiek war mit den dazugehörigen Ländereien dem Bistum Roskilde zugesprochen worden. Hier nahm auch der Bevollmächtigte des Bischofs die von den rügenschen Bauern zu leistenden Abgaben entgegen. Bischof Absalon soll, sozusagen im Eilverfahren, drei Friedhöfe in Garz, Swantow und Poseritz geweiht haben, während seine Geistlichen nach kurzer Unterweisung 900 Slawen tauften – eine Zahl, für die es freilich keine schriftlichen Belege gibt.

Der von Absalon getaufte Rügenfürst Jaromar I. setzte mit harter Hand die endgültige Bekehrung der Ranen zum Christentum durch. Er galt daher auch als der »Apostel Rügens«. Auf seine Initiative geht die Stiftung des Nonnenklosters in Bergen (1193) zurück, wohl auch, weil er seine Neider in Dänemark besänftigen wollte, denen die Machtfülle und das neu erwachte Selbstbewusstsein auf Rügen zunehmend ein Dorn im Auge war. Denn unter der klugen Regierung Jaromars I. (gest. 1218) ließen sich viele deutsche Siedler auf der Insel nieder. Zwar lebten sie mit den Wenden nicht im gleichen Dorf, unterhielten aber gute nachbarliche Beziehungen zu ihnen. Da die deutschen Siedler manches einführten, was im Slawenland unbekannt war, u.a. auch das Bauen mit Ziegelsteinen und eine verbesserte Bodenbestellung, blühte das ausgeblutete Land bis zu einem gewissen Grade auf.

Klöster und Wallfahrten

Drei Klöster waren es, die in der Folgezeit für Rügen von zentraler Bedeutung waren. Neben dem von Jaromar gegründeten Nonnenkloster in Bergen spielte das Kloster Eldena bei Greifswald eine wichtige Rolle. In der Mitte des 13. Jahrhunderts wanderten Zisterziensermönche aus Eldena in das heutige Mönchgut ein, nachdem sie zuvor das Land Reddevitz von den rügenschen Fürsten als Lehen erhalten hatten. 1360 erwarb das Kloster auch den Rest der Halbinsel, das Land Zicker, dazu. Aufgrund der geographischen Abgeschiedenheit des Mönchsguts und mit der verstärkten Ansiedlung deutscher Kolonisten bildete sich hier eine Bevölkerungsgruppe heraus, die sich fest an überlieferte Traditionen hielt und sich in Sitten und Gebräuchen, Hausformen und Trachten grundsätzlich vom übrigen Rügen unterschied.

Das dritte bedeutende Kloster schließlich war das Zisterzienserkloster Neuenkamp (Franzburg), das 1296 durch eine Schenkung Wizlaws II. die Insel Hiddensee erhielt und hier ein Tochterkloster gründete. Dadurch sicherte sich das Kloster Neuenkamp - neben den Fischfangrechten - auch die Schiffspassage nach Stralsund, wo es einen Handelshof betrieb. Auf Hiddensee leisteten die Mönche segensreiche Arbeit, denn sie nahmen sich der Schiffbrüchigen an und betrieben auf der Südspitze, dem Gellen, ein Leuchtfeuer mit Holz und Teer. Die Ordensbrüder bauten außerdem einen kleinen Hafen und ein Hospital, kultivierten den Norden der Insel und betätigten sich als Fischer.

Die Ruinen des Klosters Eldena

Als nach einer schweren Sturmflut im 14. Jahrhundert das »Neue Tief« entstand, gewann die Hansestadt Stralsund neben der West- auch eine Ostpassage durch den Greifswalder Bodden. Zur Betreuung der Seeleute wurde 1336 auf der kleinen Insel Vilm eine Kapelle errichtet, wo Kranke gepflegt und Verstorbene auf einem Friedhof

Wandmalereien in der Kirche von Rambin

beigesetzt werden konnten. Kirchliche Institutionen kümmerten sich im Mittelalter auch um die Armenfürsorge. Von den damals errichteten Spitälern blieb bis in unsere Tage allerdings nur die St.-Jürgen-Kapelle in Rambin erhalten. Aber auch in Bergen, Garz, Trent und Wiek soll es solche Einrichtungen gegeben haben. Weitgehend unbekannt ist hingegen, dass es auf der Insel Rügen in vorreformatorischer Zeit auch drei Wallfahrtsstätten gegeben hat, deren bekannteste wohl die gnadenreiche Kirche in Zudar gewesen ist. Zwei Wallfahrten nach Zudar waren im Mittelalter gleichbedeutend mit einer nach Rom. Erst als im Jahre 1372 bei einem Bootsunglück mehrere Pilger ertranken, wurden die Wallfahrten nach Zudar eingestellt, und die kleine Dorfkirche geriet in Vergessenheit.

Durch die religiöse und wirtschaftliche Öffnung Rügens vergrößerte sich der Zustrom deutscher Siedler, und Rügen wurde mehr und mehr zu einem deutschen Fürstentum. Die deutsche Sprache setzte sich durch und wurde zur Amtssprache. Wizlaw III., der letzte Rügenfürst, gehörte zum Kreis der deutschen Minnesänger, und einige seiner deutschsprachigen Lieder haben sich bis in unsere Tage erhalten. Aus der Slawenzeit blieben nichts weiter als Gräber, Burgwälle, Familien- und Ortsnamen. Die letzte wendisch sprechende Frau auf Rügen starb der Überlieferung zufolge im Jahre 1401.

Reformation und Aufklärung

Mit dem Erlöschen des alten rügenschen Fürstengeschlechtes nach dem Tode Wizlaws III. (1325) fiel die Insel durch Erbfolge an die Pommernherzöge. Die weitere Besiedlung Rügens begünstigte der Adel, der an hohen Ernteerträgen interessiert war, durch die Unterstützung der Zisterziensermönche, die den Gemüse- und Hopfenanbau kultivierten. Allmählich entwickelte sich die Gutsherrschaft und mit ihr das Bauernlegen, das Einziehen von Bauernhöfen durch den Großgrundbesitzer. Herzog Bogislaw X. setzte dann 1479 mit militärischen Mitteln die Vereinigung der einzelnen Regionen Pommerns durch und schuf ein durch Beamte straff verwaltetes Herzogtum, in dem sich nach und nach die Geldwirtschaft durchsetzte.

Aus den folgenden Jahrzehnten hört man vor allem von Kämpfen zwischen den rügenschen Adelsgeschlechtern und der reichen Handelsstadt Stralsund sowie von Auseinandersetzungen zwischen Feudaladel und geknechteten Bauern. Letztere entstanden, weil sich eine sehr trotzige und wehrhafte Bevölkerung auf Rügen entwickelte, die stets bereit war, die wenigen noch verbliebenen Rechte mit aller Energie zu verteidigen. Das brachte den Rüganern den Ruf ein, sie seien »ein zenkisch und mortisch folk, stets zu Raufhändeln aufgelegt, mit Spieß und Schwert rasch bei der Hand.« Bis an die Zähne bewaffnet ging man zur Kirche und zum Hochzeitsschmaus. »Dat walde Got un een kolt Isen!«, war der Wahlspruch der Rüganer, und so entstand die Warnung, man solle wohl auf die Fäuste sehen, aber nicht aufs Maul.

1522 erschienen die ersten protestantischen Wanderprediger in der Hansestadt Stralsund. Von dort aus verbreitete sich die neue Lehre auch auf der Insel, und immer mehr Kirchengemeinden schlossen sich ihr an. Den Landesherren war die neue Lehre noch aus anderen Gründen genehm, waren sie doch mit der Säkularisierung die lachenden Erben der Kirchenfürsten und ihrer Reichtümer. Nach der Schließung der Klöster übernahmen auch einige der nun heimatlosen Mönche das Amt eines evangelischen Pastors. Vorübergehende Auseinandersetzungen mit dem Bistum Roskilde konnten die Entwicklung zu einer evangelischen Landeskirche nicht mehr aufhalten. Bilderstürmerei und fanatische Ausbrüche lagen dem norddeutschen Temperament ohnehin nicht, und so nahm man für neue Formen des Gottesdienstes allenfalls einige Veränderungen im Inneren der Kirchengebäude vor, zu denen in erster Linie der Einbau von Kanzeln und des Kirchengestühls zählten.

Einer der furchtbarsten Schicksalsschläge für Rügen war das Wüten des Dreißigjährigen Krieges. Wallensteins Truppen überzogen die Insel mit Plünderungen und Mord, Kirchen wurden verwüstet und Dörfer gebrandschatzt. In diesen kriegerischen Zeiten starb auch das pommersche Herzogshaus aus - ein Umstand, den die Schweden nutzten, indem sie Vorpommern besetzten. Im Westfälischen Frieden von 1648 fielen Rügen und Hiddensee an Schweden, und zwar - mit wenigen Unterbrechungen - für die Dauer von 165 Jahren.

Die markante Kirche von Schaprode dient den Seefahrern seit alters her als Landmarke.

Umsichtig nahmen die schwedischen Herrscher die Geschicke der ausgebluteten Insel in die Hand, ohne dabei das deutsche Brauchtum und die deutsche Sprache anzutasten. Auch die ausgeraubten Kirchen erhielten, wo es notwendig war, neue Einrichtungen. Das Land wurde im Rahmen einer großangelegten Landesaufnahme vermessen, und schließlich erließ König Gustav IV. Adolf - nicht zuletzt unter dem Eindruck der flammenden Kampfansage Ernst Moritz Arndts - am 4. Juli 1806 eine Verordnung zur Aufhebung der Leibeigenschaft im schwedischen Vorpommern. Doch zur Ruhe kam Rügen nicht, denn jetzt wurde es in die ständigen Streitereien zwischen Schweden und seinen Nachbarstaaten Preußen und Dänemark einbezogen. Im Jahre 1815 ging die Insel auf Beschluss des Wiener Kongresses dann endgültig an Preußen über und hatte fortan nur noch wenig unter den kriegerischen Auseinandersetzungen zu leiden.

Schon unter der verständnisvollen schwedischen Regierung hatten die Ideen der Aufklärung auf der Insel Fuß gefasst. Das neu erstarkte bürgerliche Selbstbewusstsein führte einige Geistliche zu Maßnahmen, die für den Fortschritt auf Rügen beispielgebend waren. So entließ der Präpositus Johann Gottlieb Picht aus Gingst 1774 nicht nur als erster seine Leibeigenen in die Freiheit, sondern er sorgte auch dafür, dass sie in neu gegründeten Manufakturen zukünftig ein sicheres Auskommen fanden. Wie zahlreiche andere gebildete Zeitgenossen auch, engagierten sich die Insel-Pastoren in »patriotisch-gemeinnützigen Sozietäten«, arbeiteten auf wissenschaftlichem Gebiet, sorgten in den Schulen für eine fundierte Ausbildung und förderten die »schönen Künste«.

Nicht unerwähnt bleiben darf in diesem Zusammenhang der Altenkirchener Pastor und Dichter Gotthard Ludwig Theobul Kosegarten (1758-1818). Sein Pfarrhaus in Altenkirchen wurde zum Treffpunkt führender Kräfte der Aufklärung, und er war es auch, der durch seine schwärmerischen Gedichte die Insel weit über ihre Grenzen hinaus bekannt machte. In gleicher Weise, wenn auch auf anderem Gebiet, erwarb sich Caspar David Friedrich (1774-1840) große Verdienste, denn durch seine zahlreichen Rügengemälde hatte man in ganz Deutschland von den märchenhaften weißen

Bastionen an der Ostsee erfahren. Rügen rückte somit zunehmend ins Licht des öffentlichen Interesses und entwickelte sich Schritt für Schritt zu einer attraktiven Urlauberinsel.

Das Marmorstandbild für den Fürsten Wilhelm Malte I. auf der Schlosswiese von Putbus.

Erste Badegäste auf Rügen

Die Initiative für die touristische Erschließung der Insel verdanken wir wiederum einem Geistlichen: Heinrich Christoph von Willich, amtierender Pastor in Sagard, rief hier 1794 einen Badebetrieb ins Leben, sorgte für Kur- und Gartenanlagen in der »Brunnenaue« hinter dem Pfarrhaus und ließ ein Badehaus errichten. Bereits ein Jahr später sollen 400 Gäste den neuen Kurort besucht haben. Allerdings erkannte der rührige Pfarrer sehr bald, dass der kleine Ort nicht genügend Abwechslung bot, und so bezog er in seinen Kurbetrieb die nahe gelegenen Wälder der Stubnitz und die einmaligen Kreidefelsen ein, warb für sie gleich mit und ließ in den noch unerschlossenen Wäldern Wanderwege, ein Rasthaus und den Abstieg vom Königsstuhl zum Strand anlegen. Doch trotz aller Mühen war dem »Kurort Sagard« kein langes Leben beschieden.

Auch der große Plan des Fürsten Wilhelm Malte I. von Putbus im Jahre 1816 ging nicht so in Erfüllung, wie der fortschrittliche Adlige es sich gedacht hatte. Der Fürstensitz Putbus sollte als kulturelles Zentrum auf Rügen den Hochadel anziehen und Schloss, Park, Theater und Circus waren zweifellos auch verlockend, aber die ganz besondere Attraktion fehlte noch. Wer eine Insel besucht, will die See erleben. Also musste ein Bad her – möglichst in der Nähe des Schlosses. Der Fürst ließ im nahe gelegenen Lauterbach das Friedrich-Wilhelm-Bad erbauen. Aus dem Grün der Goor, einem Waldgebiet am Rügenschen Bodden, erhob sich weiß leuchtend das Badehaus mit seinen 18 dorischen Säulen am Ufer des Greifswalder Boddens. Aber das Baden in Wannen, auch wenn sie aus Marmor waren und mit warmem oder kaltem Seewasser gefüllt wurden, genügte den Ostseeträumen der anreisenden adligen Gäste wohl doch nicht. Nachdem Lauterbach einige Zeit als Badeort aufblühte, versank es bald wieder in Vergessenheit.

Wieder verging einige Zeit, da schoben sich zwei unbekannte benachbarte Küstenorte in den Blickpunkt der Öffentlichkeit: das Bauerndorf Crampas und das Fischerdorf Sassnitz. Warum es gerade diese beiden Dörfer waren, die sich zu Urlauberorten entwickelten, scheint zunächst unverständlich, denn statt feinkörnigen Sandes lag hier schweres Geröll am Ufer, und als Ort bestand Sassnitz mehr aus armseligen Hütten als aus annehmbaren Urlaubsquartieren. Doch nicht der Strand, sondern die Kreideküste war es, die die Rügenbesucher anzog. Das Baden gehörte in dieser Zeit noch nicht zwangsläufig zum Ostseeurlaub, und so suchte man sich einen Ort für die Sommerfrische aus, der möglichst dicht an der Kreideküste lag. Den Höhepunkt seiner Entwicklung erreichte Sassnitz, als ein Aufenthalt der kaiserlichen Familie dem Ort die endgültige Weihe erteilte. Der Badeort blühte auf und wurde zum führenden Seebad Rügens. Eines allerdings hatte sich geändert: War Putbus ein Domizil des Feudaladels gewesen, so war in Sassnitz in erster Linie das Großbürgertum vertreten.

Doch mit dem freizügigeren Ferienleben, das sich in dem beliebten Modebad entwickelt hatte, rückte auch der Wunsch, in der Ostsee zu baden, mehr und mehr in den Vordergrund. Hier aber lag die Schwachstelle des bildhübschen Ortes am Steinbach. Einen Strand musste man, wenn er nun einmal notwendig war, auf Pferdewagen aus der Schaabe bei Glowe heranfahren. Damit war das unbeschwerte Badeleben zwar möglich geworden, aber kaum warfen sich die Herbststürme mit schwerer See auf die Insel, da trieb das Meer den Sand weit fort – dorthin, wo das kleine Fischerdorf Binz auf seine große Stunde wartete. Und diese Stunde kam: Auf die Dauer wurde der Sandtransport zu teuer für die Sassnitzer, lockten die breiten, steinfreien Strände der Prorer Wiek mehr. Sassnitz-Crampas musste den jungen Badeorten weichen, und eine neue Ära des Badebetriebs an der Ostküste Rügens nahm ihren viel versprechenden Anfang.

Innerhalb weniger Jahre entwickelte sich Binz zum führenden Badeort Rügens. Herren- und Damenbad entstanden, während mit dem später gebauten Familienbad bereits die Fesseln der strengen Moralbestimmungen weitgehend gelockert wurden. Die neu erbaute Seebrücke in Binz machte es seit 1902 möglich, ohne Ausbooten den Urlaubsort zu erreichen, und das Kurhaus wurde zum Mittelpunkt des gesellschaftlichen Lebens. Die kleinen Häuser an der staubigen Dorfstraße erhielten hölzerne Vorbauten im Stil von Veranden und bekamen klangvolle Namen wie »Seemannsruhe«, »Sanssouci« oder »Villa Heimchen«. In diesem eigenwilligen Baustil, den man später als Bäderarchitektur bezeichnete, wurden auch die Seebrücken und Badeanstalten errichtet.

Mit der Zunahme des Fremdenverkehrs auf Rügen wurde die geistliche Betreuung der Urlauber für die Gemeinden zu einer neuen, vordringlichen Aufgabe. Als Notbehelf wurden die Gottesdienste in den kleinen Badeorten zunächst in freier Natur abgehalten. Doch bereits 1883 erhielt Sassnitz genau an der Grenze zwischen dem alten Bauerndorf Crampas und dem Fischerdorf Sassnitz eine neue Kirche in neugotischem Stil. Es folgten 1912 Sellin, 1913 Binz, und schließlich bekamen 1930 auch Göhren und Baabe eigene Kirchenbauten.

Auf dem Weg in eine neue Zukunft

Kriege und Not überschatteten in Deutschland die ersten fünfzig Jahre des 20. Jahrhunderts. Zwar blühte in Rügens großen und kleinen Badeorten die Konjunktur, waren die Strände überfüllt, und das Luxusleben in den Hotels und Pensionen ließ den politischen Ernst des fern grollenden Krieges in den Hintergrund treten. Aber mehr und mehr Verwundete fanden in den weißen Villen Aufnahme, und während der Gottesdienste beteten die Gemeindemitglieder für eine gesunde Rückkehr der eingezogenen Soldaten. Die Notzeit der Inflation wurde beendet durch die Vorbereitungen auf einen zweiten, noch furchtbareren Weltkrieg. In dieser Zeit waren Kirchen nicht mehr gefragt, und wagte es ein mutiger Geistlicher, gegen die Sinnlosigkeit des Mordens an den Fronten zu predigen, so drohten ihm Verhaftung oder Verfolgung.

Der 2. Weltkrieg endete mit der Teilung Deutschlands. Unzählige Flüchtlinge aus Ostpreußen, Hinterpommern und Schlesien kamen nach Rügen und wer gläubig war, der fand in den Kirchen, die nun wieder einen hohen Stellenwert erhielten, Trost und Zuspruch. Durch diese Flüchtlinge, zu DDR-Zeiten »Umsiedler« genannt, vergrößerte sich die Bevölkerungszahl in einigen Badeorten auf das Vierfache. Und vom ersten Tage an waren die evangelischen Kirchen auch Heimstatt für die vielen, neu hinzugekommenen katholischen Gläubigen.

Nur die DDR-Regierung hatte ihre Schwierigkeiten mit dieser neuen Situation. Zwar herrschte im Sozialismus Glaubensfreiheit, aber der christliche Glaube ließ sich mit den kommunistischen Lebensmaximen nur schwer vereinbaren. Offiziell gingen Kirche und Staat getrennte Wege. Inoffiziell aber gab es durchaus Probleme, wenn das Kind eines Geistlichen das Gymnasium besuchen wollte. Auch duldete man christliche Lehrer in den oberen Schulklassen nur ungern, und kirchlich engagierte Studenten konnten damit rechnen, dass ihnen bei ihren Berufswünschen Steine in den Weg gelegt wurden. Offen trat der Konflikt vor allem in der Frage »Konfirmation oder Jugendweihe?« zutage, doch nach außen hin wurde dieses Problem weitgehend verschwiegen. Und je stärker die Repression im Einflussbereich des Staates wurde, desto stärker wurden die Kirchen als Nischen in Anspruch genommen.

Die Kirchenbauten litten in 40 Jahren DDR unter Geld- und Materialmangel. Nur dort, wo es sich um offiziell anerkannte Kulturdenkmäler handelte, stellte der Staat Mittel für die Restaurierung und Erhaltung zur Verfügung. In dieser Zeit übernahmen viele westdeutsche Gemeinden solidarische Patenschaften für DDR-Kirchen, kümmerten sich um Baumaterial und suchten, soweit es staatlich genehmigt wurde, Kontakte zu den Partnergemeinden im Osten. Unter diesen schwierigen Bedingungen einer staatlichen Bevormundung verloren allerdings auch die Kirchen auf Rügen eine große Zahl ihrer Anhänger.

Auch mehr als zehn Jahre nach der »sanften Revolution« von 1989, bei der die Kirchen anerkanntermaßen eine entscheidende Rolle gespielt haben, kostet es nach wie vor viel Kraft und psychologisches Feingefühl, um das kirchliche Erbe auch im Osten Deutschlands wieder lebendig zu machen und zu pflegen. Neben der intensiven seelsorgerlichen Begleitung der Menschen, die die gesellschaftlichen Umbrüche nach der Wende weiter bewältigen müssen, ist es immer noch eine große Aufgabe der Kirchengemeinden auf Rügen, die zum Teil maroden kirchlichen Bauten zu sanieren. Erschwerend kommt hinzu, dass, einhergehend mit Kürzungen und Umverteilungen der finanziellen Mittel innerhalb der Pommerschen Landeskirche, Personalstellen abgebaut und frei gewordene Pfarrstellen nicht wieder besetzt wurden. Jede Kirchengemeinde muss selbst einen großen Beitrag zur Sanierung ihrer Gebäude leisten, welcher nicht selten die eigenen finanziellen Rücklagen verschlingt und die Aufnahme von Krediten erzwingt.

Durch die Partnergemeinden in Bremen und Nordelbien sowie die Stiftung Denkmalschutz flossen und fließen jedoch zusätzlich viele Geldmittel. Inzwischen ist deutlich zu erkennen, in welchen Kirchengemeinden auf Rügen alte Kirchengebäude, Pfarr- oder Gemeindehäuser sowie Orgeln liebevoll renoviert oder neu errichtet werden konnten. In manchen Gemeinden bleiben die Sanierungsarbeiten allerdings deshalb aus, weil die Baumängel zu groß und der finanzielle Aufwand zu beträchtlich sind. Bemerkenswert ist zudem, dass in einigen Kirchengemeinden noch heute Folgen des Zweiten Weltkrieges zu beseitigen sind. So müssen beispielsweise die 1942 für Kriegszwecke abgenommenen und eingeschmolzenen Glocken in manchen Kirchtürmen ersetzt oder Prospektpfeifen der Orgeln erneuert werden.

Dem aufmerksamen Besucher der Kirchen auf Rügen und Hiddensee wird aber nicht entgehen, dass in den letzten Jahren insgesamt sehr viel für die Sanierung der Bauten erreicht wurde und mancherorts die Renovierungsarbeiten bereits abgeschlossen sind.

Altefähr

Hat unser Rügenbesucher endlich den Rügendamm erreicht, so lässt er eine der schönsten norddeutschen Stadtsilhouetten hinter sich: die Kirchen und Speicher der alten Hansestadt Stralsund. Dafür taucht vor ihm aus dem Blau des Strelasundes die liebliche grüne Küste der Insel Rügen mit dem Dorf Altefähr auf, dessen rot leuchtende Kirchturmspitze den Reisenden willkommen heißt. 1240 hatte Fürst Wizlaw I. das Gebiet an Stralsund abgetreten, und bis ins 17. Jahrhundert gehörte das Kirchdorf zur Hansestadt, die dadurch den gesamten Fährverkehr kontrollieren konnte. Erst 1936, mit dem Bau des Rügendamms, verlor das nun abseits gelegene Altefähr seine ursprüngliche, namensgebende Bedeutung; bewahrt hat es sich seine Beliebtheit als Naherholungsgebiet für die stadtmüden Stralsunder.

Linke Seite: Seit dem 14. Jahrhundert war Altefähr durch eine Fähre mit dem festländischen Stralsund verbunden.

Unten links: Kalksteinfünte und Renaissancekanzel
Unten rechts: Blick auf den Altar

Um 1325 hatten die Stralsunder hier bereits eine Kapelle (»capella opposita civitati Stralsund«) bauen lassen, von der allerdings keine Reste mehr erhalten sind. Hundert Jahre später entschloss man sich, eine Backsteinkirche mit vierjochigem Langschiff und zweijochigem Chor zu errichten. Der markante Turm trägt eine achteckige Haube und wurde 1912 nach einem Sturmschaden im Untergeschoss eingewölbt.

Linke Seite: Die Kirche von Altefähr

Das Kirchenschiff und der Rechteckchor waren zunächst flach eingedeckt. Erst anlässlich einer größeren Restaurierung im Jahre 1737 erhielt die Kirche ein Tonnengewölbe und eine Balkendecke im Chor. Diese Arbeiten übernahm Magister Matthäus Caspar Deccenius, auf dessen Betreiben auch der barocke Altar (1746) aus der Werkstatt des Stralsunders Michel Müller an seinen angestammten Ort zurückkehrte. Die Kanzel aus Eichen- und Kiefernholz entstand in den Jahren 1667–1674. Der älteste und kostbarste Besitz des Gotteshauses, die Fünte (Taufstein) aus schwedischem Kalkstein mit 20 Rundbogenmustern an der Kuppa, stammt aus dem 14. Jahrhundert. Zur Ausstattung gehören außerdem eine Orgel der bekannten Stettiner Firma B. Grüneberg von 1913 sowie vier Votivschiffe, von denen zwei, die Fährschiffe »Altefähr I« und die »Altefähr II«, an die maritime Tradition des Fährortes erinnern.

Altenkirchen

Altenkirchen, das nördlichste Großdorf Rügens, liegt auf der Halbinsel Wittow, dem Windland. Schon der Name verrät, dass wir hier eine der ältesten Kirchen Rügens vor uns haben. Eine Findlingsmauer grenzt das Kirchengelände vom Trubel der Durchgangsstraße ab, und hinter dem steinernen Torbogen empfängt uns die Stille des Friedhofes mit alten Grabstätten und einem düster wirkenden, hölzernen Glockenturm. In den ersten Frühlingstagen schmückt ein Meer von goldleuchtenden Winterlingen und Schneeglöckchen die Stätte des Gedenkens.

Linke Seite: Die Kirche von Altenkirchen

Hier ruht unmittelbar neben dem Eingang zur Kirche der Pastor und Dichter Gotthard Ludwig Theobul Kosegarten (1758–1818), dessen schwärmerische Gedichte zu den ersten Lobliedern auf die Insel Rügen zählen. Der junge Theologe Ernst Moritz Arndt, der sich nachdrücklich für die Aufhebung der Leibeigenschaft einsetzen sollte, war Hauslehrer bei der Familie Kosegarten, und viele weitere Persönlichkeiten aus Kunst und Literatur gingen im Altenkirchener Pfarrhaus aus und ein.

Unten: Der Grabstein Kosegartens auf dem Altenkirchener Friedhof

Die in Kreuzform errichtete Kirche ist nach Bergen der zweitälteste Sakralbau der Insel. Um 1200 wurden hier nach dem Fall der heidnischen Tempelanlage Arkona die ersten Ziegelsteine vermauert. Dänische Mönche brachten den Steinbau mit in das eroberte Land. So zeigt die erhaltene romanische Apsis außen eine Traufleiste und einen Dreieckfries, unter dem kleine, aus Ziegelstein geformte Maskenköpfe als Konsolsteine zu erkennen sind.

Ernst und feierlich nimmt das Kirchenschiff den Besucher auf. Der Bau war zunächst als dreischiffige Pfeilerbasilika ge-

Rechte Seite: Blick in das Kirchenschiff mit dem kostbaren Triumphkreuz

plant, worauf die Anlage der Fenster über den Arkadenspitzen des Mittelschiffs hindeutet. Der Chor war ursprünglich flach gedeckt, erhielt aber in der Spätgotik ein Kreuzrippengewölbe.

Zu den frühesten Zeugnissen der christlichen Ausstattung gehört die romanische Fünte aus gotländischem Kalkstein von 1250. Die Kuppawand ist mit vier sorgfältig gearbeiteten Männerköpfen verziert, die vermutlich die vier Ströme des Paradieses symbolisieren. Aus dem 14. Jahrhundert stammt das kostbare Kruzifix im Triumphbogen, das zuletzt 1980 restauriert wurde. Ein besonderer Blickfang ist der Barockaltar (1724), der - ebenso wie der Taufengel - aus der Werkstatt des berühmten Stralsunder Bildhauers Elias Keßler stammt. Jüngeren Datums sind hingegen das neugotische Gestühl und die Kanzel, die in den Jahren 1860/61 gefertigt wurden. Wie in der Kirche von Vitt finden wir übrigens auch in Altenkirchen eine Kopie des Gemäldes »Christus rettet den im Meer versinkenden Petrus« von Philipp Otto Runge. Das Original hängt heute in der Hamburger Kunsthalle.

Auf der rechten Seite des Chors führt eine kleine Treppe in die Vorhalle, die »Waffenkammer«, hinunter. Hier wurde der so genannte »Swantevit-Stein« liegend - vermutlich ein symbolischer Hinweis auf das gestürzte Heidentum - in die Seitenwand eingemauert. Die ursprünglich aufrecht stehende Figur stellt nach heutiger Lesart einen slawischen Priester mit einem Methorn dar, denn es wird allgemein angenommen, dass Altenkirchen auf einem slawischen Begräbnisplatz errichtet wurde. Alten Überlieferungen zufolge hat diese kleine Halle auch als Ablageraum für die Waffen der adeligen Herren gedient, denen es nicht gestattet war, ihre Wehr mit in die Kirche zu bringen.

Baabe

Man kann sich wohl kaum einen freundlicheren Ferienort vorstellen als Baabe, das Tor zur Halbinsel Mönchgut. Weiße, blumengeschmückte Häuser, eine großzügig gestaltete Strandstraße, auf der sich sonnenhungrige Urlauber tummeln, und die kleine, weiße Kirche mit ihrer eigenwilligen Architektur. Das ehemalige Fischerdorf an der Ostküste Rügens gewann erst im Jahre 1899 durch die neue Bahnverbindung zwischen Sellin und Göhren an touristischer Bedeutung. 1905 entstand hier das erste Rügener Damen- und Herrenbad - und mit zunehmender Urlauberzahl erwies sich auch die bislang von Middelhagen aus erfolgte kirchliche Betreuung als nicht mehr ausreichend.

Oben:
Blick auf den Altar

Baumeister Schmidt, selbst ein begeisterter Besucher des kleinen Badeortes, errichtete die Kirche nach Entwürfen des Berliner Architekten Jürgens. Am 24. Juni 1930 konnte sie eingeweiht werden. Das Gotteshaus sollte im Stil sowohl dem Charakter der Halbinsel Mönchgut als auch den Bedürfnissen der großstadtverwöhnten Gäste gerecht werden. Und so erinnert der Kircheninnenraum in seiner Formgebung an ein umgekehrt liegendes Fischerboot, auch die Fenster wurden entsprechend gestaltet. Die als offener Arkadengang errichtete Vorhalle wird von einem schmucken Dachreiter gekrönt, das ursprünglich vorhandene Geläut hat man allerdings zwischenzeitlich entfernt.

Altar, Kanzel und Taufe aus der Erbauungszeit sind schlicht gehalten und bilden eine gelungene Einheit mit dem Kirchenraum. Ein kleines Orgelpositiv mit angehängtem Pedal erhielt die Kirche erst im Jahre 1969.

Linke Seite:
Die Kirche von Baabe

Haus der Gesundheit
Schals Tücher

Bergen

Nach der Christianisierung Rügens im Jahre 1168 siedelte der junge Fürst Jaromar I. von der alten Fürstenburg Garz in die Gegend des heutigen Bergen um. Bereits um 1180 wurde mit dem Bau einer dreischiffigen Basilika begonnen, denn der ehrgeizige Rügenfürst plante an dieser Stelle einen Komplex aus Residenz und Hofkirche, ganz nach dem Vorbild der Braunschweiger Pfalz von Heinrich dem Löwen. Auf Druck seiner dänischen Lehnsherren musste er dieses Vorhaben jedoch aufgeben und ein Nonnenkloster stiften. So wurde die Marienkirche 1193 als Kirche des Benediktinerinnenklosters geweiht, ab 1380 diente sie auch als Pfarrkirche.

Linke Seite: Die Kirche von Bergen

Heute gilt die Bergener Marienkirche nicht nur als eindrucksvolles Zeugnis norddeutscher Backsteinarchitektur, sie ist zugleich das älteste Gebäude auf Rügen. Vom ursprünglichen romanischen Bau haben sich in erster Linie der Chor mit Apsis, das anschließende Querhaus, die südliche Außenwand, der Westbau mit Herrschaftsloge und die niedrigen rundbogigen Seitenfenster an der Südwand erhalten. Ende des 14. Jahrhunderts hat man die noch romanischen Ostteile eingewölbt, und gleichzeitig wurde der Turm vollendet.

Beachtenswert ist ein in die westliche Außenwand eingemauerter Grabstein, der vermutlich einen slawischen Priester mit Methorn darstellt. Bearbeitungsspuren deuten darauf hin, dass das Methorn als heidnisches Zeichen weggemeißelt und durch ein Kreuz ersetzt worden ist. Einen ähnlichen Stein finden wir in der Kirche von Altenkirchen, nur dass die Figur hier »gestürzt« eingemauert wurde.

Unten: Der in die westliche Außenwand eingemauerte Grabstein stellt vermutlich einen slawischen Priester mit Methorn dar.

*Doppelseite:
Blick in das Kirchen-
innere der Bergener
St. Marienkirche*

Rechte Seite: Der spätbarocke Altar mit hölzernem Säulenaufsatz

Der Innenraum der Marienkirche lässt trotz aller gotischen Veränderungen noch immer den spätromanischen Ursprung erkennen. An den Wänden von Querschiff und Chor sind kostbare Malereien aus der Zeit um 1200 zu sehen, die bei Restaurierungsarbeiten in den Jahren 1896–1902 neben vielen anderen Zeugnissen der älteren Bauperioden freigelegt wurden. Die für Norddeutschland einzigartigen Malereien zeigen Szenen aus dem Alten und Neuen Testament und thematisieren Fegefeuer, Hölle und Paradies. Sie wurden allerdings nach dem historistischen Geschmack der Zeit erneuert und daher z.T. verfälscht restauriert.

Abgesehen von der mittelalterlichen Granitfünte, vermutlich ein Relikt aus der 1380 abgerissenen Kapelle auf dem Rugard, stammen die übrigen zentralen Ausstattungsstücke aus dem Spätbarock. Der Altar mit hölzernem Säulenaufsatz und zwei Beichtstühle entstanden um 1730, die prächtige Kanzel wurde 1775 in der Werkstatt des Stralsunder Meisters Johann Jakob Freese angefertigt. Im Zuge der umfassenden Restaurierungen um 1900 kamen das Gestühl und die Westempore in die Kirche.

Die Orgel hat die Stettiner Firma Grüneberg 1909 unter Verwendung des barocken Prospektes und Gehäuses gebaut. Kostbarster Besitz der Marienkirche ist ein spätromanischer Kelch mit reichem Edelsteinschmuck, entstanden um 1270 in einer Lübecker Werkstatt.

Bessin

Linke Seite: Die Kapelle in Bessin

1482 machte Matthias Darne, Bürgermeister zu Stralsund, eine großzügige Stiftung. Ihm gehörten in dieser Küstenlandschaft, nur wenige Kilometer nordwestlich von Altefähr, einige Ländereien, und so stiftete er für Bessin eine kleine Kapelle. Noch im selben Jahr wurde der Bau angeblich beendet - und er blieb, abgesehen von dem im 17. Jahrhundert angebauten Glockenerker, durch alle Jahrhunderte hindurch äußerlich unverändert.

Die kleine Backsteinbau hat einen achteckigen Grundriss, der durch die Überlängen der Nord- und Südwand leicht gestreckt ist. Diese oktogonale Form sollte übrigens gut 300 Jahre später beim Bau der Uferkapelle von Vitt wieder aufgegriffen werden.
Der Innenraum der Bessiner Kapelle wird von einer flachen Holzdecke abgeschlossen, in deren Mitte prangt eine Engelskartusche aus dem 17. Jahrhundert. Pastor Deccenius stiftete nicht nur die Altarleuchter (inzwischen nicht mehr vorhanden), sondern setzte sich auch maßgeblich dafür ein, dass in der Stralsunder Werkstatt von Michel Müller 1742 der barocke Kanzelaltar entstand. Flankiert von zwei Freifiguren des Petrus und Johannes, zeigt der Kanzelkorb eine Reliefdarstellung mit Christus als »Erlöser der Welt«.

Heute wird die Kapelle von der Gemeinde Rambin verwaltet und von einem Förderverein für kirchliche sowie kulturelle Zwecke genutzt.

Unten: Der barocke Kanzelaltar

Binz

Rechte Seite:
Die Kirche von Binz

Noch zu Anfang des 19. Jahrhunderts war Binz ein unbedeutendes Bauern- und Fischerdorf am Fuße der Granitzberge zwischen Ostsee und Schmachter See, das wechselweise zu den Kirchspielen Lancken-Granitz oder Zirkow gehörte. Erst mit dem zunehmenden Fremdenverkehr an der Ostseeküste entwickelte sich Binz aufgrund seiner günstigen Lage zum führenden Badeort Rügens, dessen anspruchsvollen Gästen es nicht länger zuzumuten war, den sonntäglichen Gottesdienst im sieben Kilometer entfernten Zirkow zu besuchen.

So erhielt der aufstrebende Ferienort im Jahre 1913 nach Plänen des Architekten Reichert eine eigene neugotische Kirche. Als Standort wurde der Anschluss der Putbusser Straße an die alte Dorfstraße gewählt. Errichtet auf einem Ausläufer der Granitzberge, erhebt sich das Gotteshaus hoch über dem Badeort, überschattet vom Blätterdach uralter Buchen.

Unten:
Blick auf den Altar

Das Innere des Backsteinbaus wird von dem spitz zulaufenden Triumphbogen bestimmt. Der dunkle, hölzerne Altar zeigt den gekreuzigten Christus und ist - ebenso wie der Göhrener Altar - eine Arbeit des Tiroler Bildschnitzers Ferdinand Stufflesser. Das in den geraden Chorabschluss eingelassene runde Glasfenster stellt als Sinnbild Christi das Lamm Gottes mit der Kreuzfahne dar. Die pneumatische Orgel der Kirche wurde 1912 von der bekannten Firma Grüneberg aus Stettin gebaut und ist zwischenzeitlich gründlich überholt worden. Heute erklingt das Instrument wieder in alter Schönheit. Im Sommer finden zusätzlich zu den sonntäglichen Gottesdiensten zweimal wöchentlich Orchester-, Gesangs- oder Orgelkonzerte statt.

Bobbin

Es ist ein stolzer Ort, den sich die Bobbiner für ihre Kirche ausgewählt haben. Wachsam wie eine Glucke über ihre Küken erhebt sich der festungsähnliche Turm schützend über eine Gruppe weißer, rohrgedeckter Fachwerkhäuser. Von hier aus reicht der Blick weit über die hügelige Landschaft bis zum Kap Arkona, der nördlichsten Spitze Rügens, während unterhalb des Kirchbergs, am Ufer des Jasmunder Boddens das alte schwedische Wasserschloss Spyker liegt.

Die imposante Dorfkirche von Bobbin ist die einzige erhaltene Feldsteinkirche auf Rügen. Sie entstand um 1400 an der Stelle eines erstmals 1250 erwähnten Vorgängerbaus, von dem es aber keine Überreste mehr gibt. Um 1500 wurde der weithin sichtbare Westturm angebaut. Aus der Frühzeit der Kirche stammt eine gotländische Kalksteinfünte (um 1300), deren Kuppawand mit zwölf Spitzbogenblenden verziert ist. Ein weiteres Kleinod befindet sich in der Sakristei: ein Sakramentsschrein (um 1400), geschmückt mit gotischer Temperamalerei und Schnitzwerk.

Nach 1649 gelangte die Kirche ebenso wie das benachbarte Schloss Spyker infolge des Dreißigjährigen Krieges unter das Patronat des schwedischen Generals Carl Gustav von Wrangel. Er veranlasste die barocke Neuausstattung der Kirche und ließ den Hauptaltar mit den Chorschranken (1668), die Kanzel und die Patronatsloge einbauen. Der Beichtstuhl entstand 1775 in der Stralsunder Werkstatt von Michel Müller, während die Orgel mit neugotischem Prospekt erst 1842 von C.A. Buchholz gebaut wurde.

Linke Seite: Die Kirche von Bobbin

Oben: Blick auf die Patronatsloge und den Orgelprospekt

Garz

Garz, das einstige Verwaltungszentrum der Insel, ist die älteste Stadt Rügens. Bereits 1319 wird Garz in einer Urkunde als Stadt bezeichnet, und am Stadtrand erhebt sich noch heute der Wall, in dessen Rund die hölzerne Burg der Rügenfürsten stand. Eine Stadt mit einer so stolzen Vergangenheit hat selbstverständlich auch eine bedeutende Kirche. Sie steht im heutigen Ortsteil Wendorf, wo sich vor den Toren der Stadt wendische Bauern und Fischer angesiedelt hatten.

Linke Seite:
Die Kirche von Garz

Oben:
Blick durch das Kirchenschiff auf den Altar

Der eindrucksvolle Backsteinbau erhebt sich wie eine Bastion gegen das gestürzte Heidentum in der Nähe der alten Fürstenburg. Mit dem Bau des ungewöhnlich großen Gotteshauses wurde in der Mitte des 14. Jahrhunderts begonnen, erst hundert Jahre nach der Grundsteinlegung kamen der quadratische Westturm und zwei Chorjoche hinzu. Das Kreuzrippengewölbe ruht innen und außen auf massiven Wandpfeilern, die den Gesamteindruck bestimmen.

Ältestes Ausstattungsstück ist ein mit blattartig gerippten Ornamenten verzierter Taufstein, der ins 13. Jahrhundert datiert wird. Dagegen stammt der schwebende Taufengel aus dem frühen 18. Jahrhundert. Nach pommerscher Tradition wurde ein solcher Engel mit der Schale zu dem Täufling herabgelassen.

Die sechseckige Kanzel entstand wie die in Vilmnitz 1707/08 in der Stralsunder Werkstatt von Hans Broder und wird von einer Mosesfigur getragen. Elias Keßler aus Stralsund schuf 1724 den Altaraufsatz mit den figürlichen Darstellungen von Moses und Aaron. Kelch, Patene und Oblatendose sind Stiftungen aus den Jahren 1645 und 1647. Ein schlicht gehaltener Patronatsstuhl erinnert den Kirchenbesucher an den Dichter und Patrioten Ernst Moritz Arndt, der am 26. Dezember 1769 in Groß Schoritz geboren und in der Garzer Kirche getauft wurde.

Gingst

Alles an diesem Ort strahlt Selbstbewusstsein aus: Der große Marktplatz mit den gepflegten Häusern ebenso wie die imposante Kirche, die - gemessen an der Bedeutung des einstigen Marktfleckens - fast ein wenig zu groß geraten scheint. Vielleicht ist das Selbstbewusstsein der Gingster aber auch darauf zurückzuführen, dass ihr Präpositus Johann Gottlieb Picht 1773 der erste auf Rügen war, der seine Leibeigenen in die Freiheit entließ.

Linke Seite:
Der einstige Marktflecken Gingst ist das wirtschaftliche Zentrum des Westteils von Rügen.

Die stattliche spätgotische Kirche gilt als eine der bedeutendsten auf Rügen. Kraftvoll und beherrschend erhebt sich der Turm mit Barockhaube über den Marktplatz. Ebenso wie das Dorf selbst hatte der um 1300 als dreischiffige Hallenkirche begonnene Bau allerdings wiederholt unter schweren Feuersbrünsten zu leiden. Nach einem besonders schweren Brand 1726 zog man im Hauptschiff

Unten links:
Der Hauptaltar wird von zwei Beichtstühlen flankiert.

Unten rechts:
Die Kanzel von 1743

Rechts:
Blick auf den prunkvollen, reich gegliederten Orgelprospekt

eine flache Stuckdecke ein, weil die alte Konstruktion zu stark gelitten hatte. In der Folgezeit wurde das gesamte Kircheninnere im barocken Stil erneuert, der bis heute den Raumeindruck bestimmt.

Ein besonderer Blickfang ist die spätbarocke Orgel, geschaffen um 1790 von Christian Kindt aus Stralsund. Der prunkvolle, reich gegliederte Prospekt entstand in der Werkstatt des ebenfalls aus Stralsund stammenden Meisters Nathanael Freese. Zu den barocken Ausstellungsstücken zählen weiterhin die Taufe mit hölzernem Deckel aus dem Jahre 1736, die kunstvoll gearbeitete Kanzel von 1743 sowie der 1776 angefertigte Hauptaltar. Zwei Beichtstühle vervollständigen die Innenausstattung. An der Ostwand der Kirche entdeckt der Besucher ein kleines Kuriosum: eine mittelalterliche Mordwange, die als Sühneleistung für einen Erschlagenen errichtet wurde. Im 18. Jahrhundert diente sie als Grabplatte.

Im Juli und August lädt die Kirchengemeinde regelmäßig zu Konzerten ein.

Glowe

Unten:
Die Kirche von Glowe

Das 1314 erstmals urkundlich erwähnte ehemalige Fischerdorf Glowe liegt an exponierter Stelle: Hier beginnt die so genannte Schaabe, ein knapp zehn Kilometer langer Nehrungshaken, der die Halbinsel Jasmund mit dem »Windland« Wittow verbindet. Die geistliche Betreuung der kleinen Siedlung übernahm noch bis in die 80er-Jahre hinein der Pastor von Bobbin. Zwischenzeitlich hatte sich Glowe dank der idealen Strände am Ufer der Schaabe jedoch längst zu einem beliebten Badeort entwickelt, so dass die Forderung nach einer eigenen Kirche laut wurde.

In den Jahren 1981/82 wurde das Vorhaben schließlich realisiert. Zu dem schlichten Charakter eines typischen Fischerdorfes passte allerdings nur ein Bauwerk, das sich in das Landschaftsbild einfügen konnte. Vor dem Hintergrund solcher Überlegungen entschied man sich für so genannte Finnhütten oder Nurdachhäuser, flankiert von einem frei stehenden Glockenturm mit drei übereinander angeordneten Glocken. Insgesamt ein geschmackvolles Ensemble, das nach Plänen des Architekten H. Henke entstanden ist.

Göhren

Göhren, die heimliche Hauptstadt Mönchguts, hat viele Gesichter: Fischerdorf, Bauerndorf und beliebter Badeort. Schon am Ortseingang bietet sich dem Besucher ein einzigartiger Blick über das vielgestaltige Mönchgut mit den weich geschwungenen Höften und der schäumenden See. Hoch über dem Meer ragt die doppeltürmige Kirche auf – in unmittelbarer Nachbarschaft zu einem der eindrucksvollsten Hügelgräber Rügens, im Volksmund »Speckbusch« genannt.

Linke Seite: Die Kirche von Göhren

Auch in Göhren hatte der Aufschwung des Badewesens dafür gesorgt, dass sich mit dem Urlaubersturm die Zahl der Kirchgänger erhöht hatte. 1898 fanden deshalb im Mönchguter Forst die ersten Waldgottesdienste statt, an denen bis zu 500 Besucher teilnahmen. 1920, der attraktive Badeort Göhren war zwischenzeitlich selbstständige Kirchengemeinde geworden, half man sich noch mit einem Kirchsaal aus. Erst 1929 wurde auch dieser Notbehelf aufgegeben, und nach Plänen des Berliner Architekten Jürgensen entstand die heutige Kirche auf dem Speckberg.

Der stattliche Klinkerbau mit seinen wuchtigen Doppeltürmen orientiert sich klar an mittelalterlichen Vorbildern. Auch bei der Innenausstattung hat man historischen Traditionen Raum gegeben: Pastor Medenwald konnte den Tiroler Bildschnitzer Ferdinand Stufflesser für die Altarfiguren gewinnen. Maria und Johannes unter dem Kreuz sind als Mönchguter Paar dargestellt: Er bekleidet mit der weiten Fischerhose, sie in der schönen Originaltracht der Mönchguterin mit einem Gesangbuch in der Hand. Der Grafiker Matthes aus Meiningen schuf die vier Glasfenster des Altarraumes, die ebenfalls Motive aus der Seefahrt aufgreifen. Außerdem gehört zur Ausstattung ein Votivschiff, das der Göhrener Paul Strübing für seine Kirche geschnitzt hat.

Unten: Blick auf den Altar mit den Figuren des Tiroler Bildschnitzers Ferdinand Stufflesser

Groß Zicker

Die Kirche mit Groß Zicker ist das älteste Gebäude auf Mönchgut. Der Bau wurde zwischen 1356 und 1360 begonnen und wahrscheinlich noch vor 1400 vollendet. Mehreren Restaurierungen ist es zu verdanken, dass sich der spätgotische Bau mit fünfseitigem, kreuzrippengewölbtem Chor und flachgedecktem Schiff in einem sehr guten Erhaltungszustand befindet. Und auch bei der Kirche von Groß Zicker treffen wir auf einen später aufgesetzten hölzernen Glockenturm, der 1835 in der Art eines Dachreiters neu aufgesetzt wurde.

Linke Seite: Die Kirche von Groß Zicker

Unter den schlichten Ausstattungsstücken fällt insbesondere ein Sakramentsschrein aus dem 15. Jahrhundert auf. Er wurde aus einem einzigen Eichenstamm gehauen und ist im norddeutschen Raum ein besonders seltenes Ausstattungsstück. Sehenswert sind auch das kostbare Altarkruzifix (um 1500) und die Barockkanzel von 1653. Im Chorraum der kleinen Kirche fallen einige sehr alte Grabsteine ins Auge, die statt der Namen manchmal nur eine Jahreszahl und eine Hausmarke tragen, mit der man früher seinen Besitz kennzeichnete.

Für die Seefahrer des Dorfes war ihre kleine Kirche unter den mächtigen Bäumen Inbegriff des Glaubens und der zurückgelassenen Heimat. Sie brachten bereits um 1595 Reiseandenken aus den Niederlanden mit: kleine buntbemalte Glasscheiben, mit denen das Gotteshaus geschmückt wurde. 1868 stifteten Thiessower Lotsen einen Radleuchter, in den sie ihre Namen eingravieren ließen. Und auch ihre Gabe dürfte sich mit der Bitte um sichere Heimkehr von gefahrvoller Fahrt verbunden haben.

Unten: Blick in den Chorraum, im Vordergrund die Barockkanzel von 1653

Gustow

Gustow ist ein altes Bauerndorf, dessen erste urkundliche Erwähnung in das Jahr 1314 fällt. Die schlichte Kirche liegt auf einer kleinen Anhöhe über dem Dorf. Bereits im 13. Jahrhundert wurde der von einem Kreuzrippengewölbe abgeschlossene Chor fertig gestellt. Das einschiffige Langhaus wurde erst im 14. Jahrhundert angebaut, erhielt 1517 ein Gewölbe und wurde mit einem glasierten Spitzbogenfries geschmückt. Der hölzerne Dachreiter ist die jüngste Zutat, er stammt ursprünglich aus der Mitte des 19. Jahr-

Unten: Die Kirche von Gustow

hunderts, wurde aber durch starke Stürme in den 90er-Jahren weitgehend zerstört und konnte zwischenzeitlich erneuert werden.

1434 soll es bereits eine »Brüderschaft des heiligen Leichnams« gegeben haben. Aber längst schienen die Zeiten der Kirchengründung vergessen, da entdeckte man bei Renovierungsarbeiten im Jahre 1935 kostbare Wandmalereien, die aus der Zeit um 1420 stammen. Sie zeigen an der Chorwand links vom Altar »maria magdalena« und das Wappen »clypeus pleanus«. Die beiden Wappenschilde sind die des Patrons und seiner Gemahlin. An der Südwand des Chores finden sich figürliche Darstellungen von Petrus, Paulus und dessen Gehilfen Timotheus, während an der Nordwand Johannes und Christopherus mit dem Jesuskind zu sehen sind. Die Malereien an der Nordwand des Kirchenschiffes zeigen die Hl. Elisabeth mit Krone und Kirchenmodell sowie die Hl. Dorothea.

Unten:
Blick auf den Altar

Auffällig in der sonst schlichten Kirche ist eine Triumphkreuzgruppe aus dem 15. Jahrhundert, die seit 1909 wieder ihren angestammten Platz auf dem Lettnerbalken eingenommen hat. Ebenfalls aus dem 15. Jahrhundert stammt die »Trauernde Maria mit dem toten Sohn auf den Knien«. Eine weitere Schnitzgruppe ist die der »Anna Selbdritt«, die wahrscheinlich aus der Stralsunder Kirche gerettet wurde, deren Entstehungszeit aber unklar ist. Barockzeitlichen Ursprungs sind der Altaraufsatz mit der Abendmahlsszene und der Taufständer (1768). Noch später ist die in einer Stralsunder Werkstatt entstandene Kanzel hinzugekommen, sie stammt aus dem Jahr 1784.

Auf dem angrenzenden Friedhof ist eine alte Mordwange zu entdecken. Sie wurde 1510 als Sühne für die Ermordung eines Pfarrers aufgestellt.

Kasnevitz

Linke Seite:
Die Kirche von Kasnevitz

Eine der reizvollsten Touren auf Südrügen führt durch die schöne Krimlindenallee von Garz nach Kasnevitz. Schon von ferne grüßt der markante Kirchturm des gepflegten Bauerndorfes seine Besucher. Dieser schlanke neugotische Turm, der 1864 anstelle des alten eingestürzten Turmes errichtet wurde, unterscheidet sich deutlich von den für Rügen sonst so typischen, festungsähnlichen Kirchtürmen. Und doch ist auch die Kirche in Kasnevitz - wie so viele andere auf Rügen - in der zweiten Hälfte des 14. Jahrhunderts entstanden und ein weiteres Beispiel für die Architektur der Spätgotik.

Der gut erhaltene Chor und die Sakristei sind Zeugnisse der ersten Bauphase. Der einjochige Chor ist erheblich niedriger als das Kirchenschiff und dreiseitig geschlossen. Spitzbogenfenster und ein Kreuzrippengewölbe auf nach innen eingezogenen Strebepfeilern schmücken das dreijochige Langhaus, das etwas später angebaut wurde.

Von der ursprünglichen Inneneinrichtung der Kirche haben sich nur wenige Ausstattungsstücke erhalten. Blickfang des Raumes ist der Altar mit einem Aufsatz aus der Werkstatt von Johann Artmers aus dem Jahre 1746. Das Kirchengestühl und die Taufe aus Bronzeguss sind hingegen Zutaten des 19. Jahrhunderts. Die 1902 in der Stettiner Werkstatt von B. Grüneberg gebaute Orgel wurde nach 1918 teilweise erneuert.

Im südlichen Chorfenster haben sich außerdem Wappenscheiben aus dem 16. und 18. Jahrhundert erhalten; an der Nordwand des Schiffes befindet sich eine hölzerne Namenstafel der Pastoren von 1733.

Unten:
Blick in den Chorraum mit dem Altaraufsatz von 1746

*Doppelseite:
Blick in das Kirchen-
innere der Kasne-
vitzer Kirche*

Kloster / Hiddensee

1296 schenkte Rügenfürst Wizlaw II. die Insel »Hyddensee« dem Zisterzienserkloster Neuenkamp, das hier ein Tochterkloster gründete. Vom 13. bis zum 16. Jahrhundert bestimmten die Mönche die Geschicke der Insel, sie entwickelten den Ackerbau, betätigten sich als Fischer und legten unter anderem einen kleinen Hafen und ein Hospital an.

Linke Seite: Die spätgotische Dorfkirche in Kloster ist das älteste Bauwerk auf Hiddensee.

Die spätgotische Dorfkirche, die uns die Mönche hinterlassen haben, gehört zu den Kostbarkeiten der Insel. 1332 wurde das kleine Gotteshaus als »Kirche vor dem Klostertor« für die Bevölkerung errichtet. Nach der Reformation und den Verwüstungen des Dreißigjährigen Krieges drohte der 1410 geweihte Kirchenbau ebenso wie das Kloster zu verfallen, konnte dann aber 1781 durch umfassende Restaurierungsmaßnahmen gerettet werden: Fenster- und Türöffnungen wurden vergrößert und ein hölzernes Tonnengewölbe eingezogen. Außerdem wurde der südliche Anbau vor der Priesterpforte als neuer, windgeschützter Eingang hinzugefügt.

Auch die Innenausstattung entstand weitgehend in dieser Zeit, wobei die Inselbewohner auf das Inventar einer abgerissenen Kirche auf Rügen zurückgreifen konnten. Ungewöhnlich ist der Kanzelaltar in der Mitte der Ostseite, den man auf den Altartisch stellte. Daneben befindet sich ein Beichtstuhl, denn auch in den protestantischen Kirchen gab es nach der Reformation zunächst eine Beichte. Für den Betrachter besonders auffällig ist der unter der Decke schwebende, etwas grimmig dreinschauende Taufengel im pommerschen Bauernbarock, der eine Schale mit Taufwasser in der Hand hält. Zur Taufe wurde er früher heruntergelassen, aber leider funktioniert die Mechanik heute nicht mehr. Übrigens werden seit jeher alle Hiddenseer mit dem salzigen Wasser der Ostsee getauft.

Das Gemälde von der Rettung Schiffbrüchiger an der Galerie der Empore beschreibt eine Situation, der sich die Insulaner immer wieder stellen mussten. Das Bild wurde von dem Pastorensohn Christoph Rosenow gemalt und zeugt von erstaunlicher Sachkennt-

*Rechte Seite:
Blick in das Kircheninnere mit dem schwebenden Taufengel unter der Decke des bunt bemalten Tonnengewölbes*

nis. Auch die aus vielen Fischerkirchen vertrauten Votivschiffe finden wir in der freundlichen Dorfkirche, ebenfalls handwerkliche Arbeiten einer Pastorenfamilie.

1922 veränderte sich das Kircheninnere noch einmal entscheidend, als nämlich der Maler N. Niemeier, ein begeisterter Hiddensee-Besucher, das ursprünglich dunkel gehaltene Tonnengewölbe mit Rosenmotiven verzierte. Die freundlichen blauen und weißen Farben, überwölbt von einem Himmel aus roten Rosenwolken nahmen die Hiddenseer allerdings nur zögernd an. Sie meinten, ihre Kirche sehe nun aus wie »een Danzhus«.

Einen Besuch lohnt auch der angrenzende Friedhof, wo uralte Grabplatten zwischen grünen Halmen stehen. Einige sind mit Schiffsdarstellungen verziert, andere tragen nur eine Hausmarke mit Jahreszahl. Im neueren Teil des Friedhofs ruhen viele Künstler, Dichter und Denker, die Hiddensee für sich als Rückzugsgebiet entdeckt hatten. Auch der Dramatiker Gerhart Hauptmann (1862–1946), der 1885 erstmals auf Hiddensee weilte, hat hier seine letzte Ruhestätte gefunden.

Lancken-Granitz

Auf einem Hügel in der Dorfmitte wacht die alte gotische Backsteinkirche seit über fünfhundert Jahren über den beschaulichen Ort und seine Bewohner. Auch diese Kirche hat einen 1249 urkundlich erwähnten Vorgängerbau (»Parochia Lanke«) gehabt, von dem jedoch keinerlei Reste erhalten sind. Der heutige rechteckige Backsteinbau ruht auf mächtigen Findlingsblöcken und wurde in der ersten Hälfte des 15. Jahrhunderts mit einem zweijochigem Chor, dreijochigem Langhaus, einer Sakristei und dreigeschossigem Turm (um 1500) ausgestattet. Die eingezogenen Strebefelder und der von einem Kreuzrippengewölbe abgeschlossene Chor deuten auf eine Entstehungszeit zwischen 1400 und 1450 hin. Auch der Grundriss ist nicht quadratisch - wie in romanischer Zeit -, sondern weist das typische Rechteck der Gotik auf.

Linke Seite: Die Kirche von Lancken-Granitz

Im Inneren der Kirche treffen wir eine schlichte Schönheit und Feierlichkeit an, wie sie typisch ist für viele Dorfkirchen auf Rügen. Ältestes Ausstattungsstück ist ein hölzernes Kruzifix aus dem 15. Jahrhundert am südlichen Triumphbogenpfeiler. Auch einige Wandmalereien haben sich aus dieser Zeit erhalten. Die Kanzel (1598) mit achtseitigem Korb in Arkadenteilung zeigt in ihren Feldern Christus, die vier Evangelisten, ein Pfarrerporträt sowie - und das ist ungewöhnlich - plattdeutsche Bibelsprüche und alte Hausmarken.

Aus der Barockzeit stammt der frisch restaurierte schwebende Taufengel. Die Patronatsloge zierte einst das Wappen der Fürsten zu Putbus, denn die Parochie Lancken gehörte ebenso wie Vilmnitz zum Herrschaftsbereich des Hauses Putbus. Und 2001 konnte die 1909 von B. Grüneberg aus Stettin erbaute Orgel restauriert werden.

Unten: Die Kanzel von 1598

Landow

Es gibt auf Rügen Kirchen, die den Wanderer immer wieder überraschen, weil er in so ausgesprochen ländlichen Gegenden eigentlich keine kunstvollen Bauwerke erwartet. Diese Beobachtung trifft auch für die Kirche in Landow zu. Aufklärung verschafft ein Blick in die Geschichte, denn zur Hansezeit verlief hier einer der wichtigsten Handelswege von Stralsund in den Norden der Insel Rügen. Außerdem war die Landower Wedde ein idealer Naturhafen, der ein Aufblühen des Dorfes begünstigte.

Linke Seite: Die Kirche von Landow

Der um 1400 entstandene Kirchenbau wird durch starke Pfeiler gestützt, die zum Teil durch Findlingsblöcke für einen festen Stand auf dem lehmig-feuchten Boden sorgen. Das Mittelschiff der Kirche hat eine Länge von vier Jochen und wurde mit den kreuzrippengewölbten Seitenschiffen um 1450 angebaut. Das Innenschiff ist flach gedeckt, die Fenster und Portale sind spitzbogig. 1733 erhielt der Bau einen vierstöckigen Fachwerkturm über dem Westgiebel. Zu diesem Zeitpunkt wurde die Kirche komplett umgestaltet und erhielt zahlreiche neue Ausstattungsstücke.

Weil die Kirche zu DDR-Zeiten baulich nicht unterhalten werden konnte, wurden ab 1970 u.a. das sehenswerte Beicht- und Patronatsgestühl ausgebaut und gesichert sowie die barocke Holzdecke demontiert., während das wertvolle Triumphkreuz (um 1500) im Gemeindezentrum Stralsund-Knieperwest einen neuen Ort fand.

Anfang der 90er-Jahre ist die Kirche zum Teil baulich gesichert worden. Der von Vergänglichkeit und Verfall gezeichnete leere Innenraum besitzt durch den offenen Dachstuhl einen einzigartigen Charakter und eine besondere Akustik. Deshalb wird die Kirche in den Sommermonaten für Gottesdienste und vielfältige kulturelle Veranstaltungen als »Kultur- und Wegekirche« genutzt.

Middelhagen

Middelhagen ist zweifellos das Zentrum der heute »Mönchgut« genannten Halbinsel, die sich im Mittelalter in die Länder Zicker und Reddevitz aufteilte. 1252 erwarb das Kloster Eldena bei Greifswald vom Rügenfürsten Jaromar II. das Land Reddevitz, während der südliche Teil mit Groß Zicker erst 1360 Klostereigentum wurde und der gesamten Halbinsel den Namen Mönchgut einbrachte. Die Nachrichten über einen Vorgängerbau sind unsicher.

Die heutige Kirche von Middelhagen ist ein Backsteinbau aus der ersten Hälfte des 15. Jahrhunderts. Wie so häufig besteht das Fundament hauptsächlich aus Findlingsblöcken. Das Material war auf Rügen reichlich vorhanden; es sichert den Bau vor aufsteigendem Grundwasser und ist von hoher Festigkeit. Außerdem wurden eingesprengte Findlinge als Zierelement angesehen.

Ungewöhnlich mag der wenig gestaltete, stumpfe hölzerne Turm auf den Besucher wirken. Entsprechend den strengen Regeln der Zisterziensermönche wurden ihre Gotteshäuser jedoch turmlos ge-

Unten: Die Kirche von Middelhagen

Oben:
Der spätgotische Katharinenaltar

baut. Erst später hat man dann einigen Kirchen hölzerne Türme oder Dachreiter aufgesetzt, die die Glocken tragen. Im 17. Jahrhundert wurde der Treppenturm angefügt, um die in dieser Zeit eingebaute Patronatsloge erreichen zu können.

Sehenswert ist im Inneren der spätgotische Katharinenaltar (1480) mit filigran geschnitzten Baldachinen. Die Hl. Katharina trägt als Attribute die Marterwerkzeuge Rad und Richtschwert in der Hand. Einiges spricht dafür, dass der kostbare Flügelaltar ursprünglich aus Stralsund stammt und nach dem Dreißigjährigen Krieg hier aufgestellt worden ist. Alle Notzeiten überdauert haben außerdem der im Jahre 1597 gestiftete Abendmahlskelch und die Patene.

Während der barockzeitlichen Umgestaltung des Innenraumes entstanden unter anderem die Kanzel (um 1650), das Kastengestühl und der Opferstock aus Eichenholz. Die Orgel mit neugotischem Prospekt wurde Mitte des 19. Jahrhunderts im Westteil der Kirche eingebaut. Und im Jahre 1842 schenkten acht Lotsen der Gemeinde das Schiffsmodell »Perth«, benannt nach dem Landhaken »Nordperd«, von dem aus der Seeraum kontrolliert werden konnte.

Neuenkirchen

Das kleine Dorf Neuenkirchen oder »Nygenkerke«, wie es in einer Urkunde von 1318 genannt wurde, liegt abseits der großen Verkehrswege. Von dem Hügel, auf dem die Kirche inmitten des alten Dorffriedhofs steht, entfaltet sich vor dem staunenden Betrachter die ganze Schönheit Nordrügens mit einem stetigen Wechsel von Land und Meer, Wiesen und Wäldern, ehemaligen Gutshöfen und kleinen Fischerdörfern. Die schlichte Backsteinkirche, im Sockel verstärkt durch unbehauene Findlinge von rügenschen Feldern, fügt sich ganz harmonisch in dieses einzigartige Landschaftsbild ein.

Unten: Die Kirche von Neuenkirchen

Obwohl genaue Überlieferungen fehlen, deuten der im Wesentlichen einheitliche Baustil von Chor, Sakristei und Langhaus darauf hin, dass das Gotteshaus zwischen 1380 und 1450 entstanden ist. Auch hier wurde der Chor wohl zunächst als selbstständige Gebetsstätte errichtet und dann später zur Kirche ausgebaut. Der Mitte des 17. Jahrhunderts von einem Sturm zerstörte Dachturm wurde in der Folgezeit durch einen hölzernen Glockenstuhl ersetzt. Im Jahre 1900 errichtete man vor der Westfront der Kirche einen frei stehenden Glockenturm.

Das dreijochige Kirchenschiff wird von einem tief heruntergezogenen Kreuzrippengewölbe abgeschlossen, das auf Trapezkonsolen ruht. Restaurierungsarbeiten in den Jahren 1968–1970 brachten unter sechs Kalkschichten Weihekreuze und die ein wenig fremdartigen Malereien entlang der Kreuzrippen zum Vorschein. Sie datieren aus der Entstehungszeit des Kirchenbaus und sind vermutlich auf dänische Einflüsse zurückzuführen.

Oben:
Blick in das Kirchenschiff mit der Kanzel von 1567

Die Inneneinrichtung der Kirche ist schlicht, deswegen aber nicht weniger eindrucksvoll. Am Südportal des Langhauses steht seit Urzeiten das steinerne Weihwasserbecken. Die Kanzel aus dem Jahre 1567 stammt ursprünglich aus der Marienkirche in Bergen und wurde 1775 als Stiftung an das kleine Gotteshaus in Neuenkirchen übergeben. Sie trägt eine Inschrift des Kirchenpatrons Eccard von Usedom: »Christum liebhaben ist besser als alles.« Der Altar ist 1787 entstanden und wurde dem Stil der viel älteren Renaissancekanzel angepasst.

Patzig

Linke Seite:
Die Kirche von Patzig

Wer von Bergen in Richtung Nordosten fährt, der empfindet die ausgedehnten Felder rechts und links der Straße, wo ein ehemaliger Gutshof neben dem anderen liegt, vielleicht als ein wenig gleichförmig. Verlassen wir aber die Straße in Richtung Großer Jasmunder Bodden, liegt vor uns eine ausgesprochen abwechslungsreiche Küstenlandschaft. Auch dieses Gebiet ist bereits seit Jahrtausenden besiedelt gewesen, und so treffen wir gleich am Rande des stattlichen Dorfes Patzig auf eine der schönsten Ansammlungen bronzezeitlicher Hügelgräber Rügens.

Am westlichen Rand der bis zu 56 Meter hohen Heideberge steht die St. Margarethenkirche, die mit ihrem wuchtigen Turm an eine Fluchtburg erinnert. Bereits 1318 wurde an dieser Stelle ein Vorgängerbau erwähnt, von dem sich aber keine Reste erhalten haben. Der heutige Bau lässt sich auf eine gotische Saalkirche mit

Blick in das Kirchenschiff

dreiseitig geschlossenem Chor zurückführen. Später wurde ein breiterer Gemeinderaum angebaut, der ebenso wie Chor, Schiff und Sakristei von Kreuzrippen eingewölbt wird.

Ältestes Ausstattungsstück ist die um 1250 entstandene Granitfünte, mit großer Wahrscheinlichkeit ein Relikt aus dem Vorgängerbau und der vermutlich älteste Taufstein der Insel Rügen. Ein echtes Kleinod ist der spätgotische Flügelaltar. Auf der Vorderseite des geschnitzten Schreins sehen wir die Hl. Margaretha mit goldener Krone, umgeben von den Aposteln. Die Rückseite zeigt auf vier Tafeln Szenen aus der Margarethenlegende.

Die hölzerne Kanzel und das Lesepult stammen aus dem 17. Jahrhundert, während die Orgel mit neugotischem Prospekt erst in der Mitte des 19. Jahrhunderts gebaut worden ist.

Linke Seite: Der spätgotische Flügelaltar zeigt die Hl. Margaretha, umgeben von den Aposteln.

Poseritz

Das Bauerndorf Poseritz liegt im Süden von Rügen, einer der fruchtbarsten Regionen der Insel. Weithin sichtbares Zeichen des Wohlstandes ist die auffällig große Backsteinkirche, die zwischen 1302 und 1325 erbaut wurde. Das Langschiff war dreischiffig geplant, wovon heute aber nur noch die westlichen Wandpfeiler zeugen. In der zweiten Bauperiode entstand dann ein einschiffiges, von einem Kreuzgewölbe überspanntes Langhaus. Im 14. Jahrhundert wurde der Chor errichtet, und um 1450 entstand der wuchtige Westturm, der 1580 seinen achtseitigen Helm erhielt. Durch eine spätere Vermauerung haben die Spitzbogenfenster und Kreisblenden des Turmes viel von ihrer ursprünglichen Schönheit eingebüßt, aber durch die Blendarkaden konnte dieser Stilbruch ein wenig gemildert werden.

Oben: Blick auf den Altar

Die reiche Ausstattung des Kircheninneren ist wohl auch den vielen Rittergütern zu verdanken, die Poseritz umgaben. Auf die hier ansässigen Adelsgeschlechter - an ihrer Spitze das Geschlecht derer von Putbus - verweisen auch die im Fußboden des Chorraumes eingelassenen Grabplatten aus der Zeit von 1329 bis 1744. Aus dem Mittelalter haben sich u.a. eine Kalksteinfünte und das gotische Kruzifix über dem Südportal erhalten. An der nördlichen Chorwand hängt ein Triumphkreuz aus dem 16. Jahrhundert, und auch das hölzerne Patronatsgestühl entstand in dieser Zeit. Der spätbarocke Schnitzaltar (1703) zeigt den Gekreuzigten, umgeben von den Schächern und drei Jüngern. Auf der Kanzel, einem Werk des Stralsunders Jakob Freese von 1755, sehen wir den predigenden Christus, umrahmt von Rocaille-Elementen und kleinen Putten. Und auch in dieser Kirche finden wir noch einen Beichtstuhl.

Linke Seite: Die Kirche von Poseritz

Putbus

Putbus, die alte Fürstenresidenz, ist die wohl außergewöhnlichste Stadt Rügens, und auch die Schlosskirche nimmt unter den Inselkirchen ohne Zweifel eine Sonderstellung ein. Die heutige Christuskirche ist nämlich ausgesprochen weltlichen Ursprungs: Auf Initiative des rührigen Fürsten Wilhelm Malte I. (1783-1854), der das Dörfchen Putbus seit 1808 planmäßig zum Residenz- und Badeort ausbauen ließ, wurde das Gebäude am Wildpark in den Jahren 1844-1846 als Kursalon mit Ballsaal errichtet. Die Entwürfe gingen auf die bekannten Architekten Johann Gottfried Steinmeyer und August Stüler zurück. Sie wurden stark beeinflusst von der Vorliebe des Fürsten für italienische Architektur und orientierten sich am klassizistischen Stil des Gesamtensembles.

Linke Seite: Die Kirche von Putbus wurde einst als Ballsaal genutzt.

Bis 1891 fanden hier verschiedene Veranstaltungen zur Unterhaltung der Badegäste statt, erst dann wurde das Gebäude zur Kirche umgebaut. Dafür gab es wenigstens zwei gute Gründe: Zum einen war bereits 1865 der zum herrschaftlichen Schloss gehörige Kapellenraum bei einem Schlossbrand zerstört worden. Und zum anderen war das bislang von der Vilmnitzer Pfarreikirche betreute Putbus zwischenzeitlich eine selbstständige Kirchengemeinde geworden. Aus dem ehemaligen Tanzsaal wurde im Zuge der Umbauarbeiten ein basilikaähnlicher, dreischiffiger Versammlungsraum, den Roulettespielsaal hat man zur Sakristei umfunktioniert. Außerdem erhielt das neue Gotteshaus einen dreistufigen Turm im Stil eines italienischen Campanile; die alte Fassade blieb dagegen weitgehend erhalten.

Der gewölbte Mittelraum wird von niedrigen Seitenschiffen flankiert. Hell und lichtdurchflutet empfängt uns der Innenraum, in den nichts mehr an den ehemaligen Ballsaal erinnert. Das Altarbild, eine Pieta, schuf der Mailänder Maler Daniel Crespi (1590-1630). Es stammt - zusammen mit einigen anderen Ausstattungsstücken - aus der alten Schlosskapelle.

DEM HERRN
ICH BIN DER WEG UND DIE WAHR

*Doppelseite:
Blick in den Innenraum der Putbusser Kirche*

Ralswiek

Versteckt hinter dicht bewaldeten Hügeln liegt am Südufer des Großen Jasmunder Boddens Ralswiek, eines der historisch bedeutendsten Dörfer auf Rügen. Bereits im frühen Mittelalter war dieser Ort das wirtschaftliche Zentrum der Insel. Archäologische Funde belegen, dass die hier ansässigen slawischen Ranen über seetüchtige Schiffe verfügten und ausgedehnte Handelsreisen über die Meere unternahmen. Nach der Christianisierung ging Ralswiek in den Besitz des dänischen Bistums Roskilde über und wurde kirchliches Verwaltungszentrum der Insel.

Linke Seite: In der Kirche von Ralswiek

Dennoch war dieser bedeutende Ort niemals Kirchdorf. Zunächst wurde für die wenigen Fischer und Bauern der Gottesdienst im Probsteigebäude abgehalten. Erst im Jahre 1907 erhielten die Ralswieker eine kleine Holzkapelle als Geschenk aus Schweden. Das in typischem Schwedenrot gehaltene Kirchlein mit seinem Dachreiter und den weiß abgesetzten Balken erinnert den Besucher an die jahrhundertelange schwedische Herrschaft über die Insel. Und auch wenn die am Ortsausgang zwischen Bäumen stehende Kirche im Inneren nur eine schlichte Ausstattung bietet, ist sie doch einige Augenblicke der Besinnung wert.

Rambin

Linke Seite: Die Kirche von Rambin

Wer von Stralsund auf der gut ausgebauten Straße durch die fruchtbaren Ebenen Mittelrügens in Richtung Bergen fährt, passiert auch das Bauerndorf Rambin, dessen stattliche Backsteinkirche von großem Wohlstand kündet. Um 1300 wurde mit dem Bau des Gotteshaus begonnen; auf den zweijochigen Chor folgte die Errichtung der Sakristei und in der zweiten Hälfte des 14. Jahrhunderts kam das vierjochige Langhaus hinzu. Das später eingezogene Holzgewölbe des Langhauses und der Triumphbogen sind vermutlich der Zeit um 1700 zuzuschreiben.

Ältestes Ausstattungsstück ist auch in der Rambiner Kirche eine Kalksteinfünte aus dem 13. Jahrhundert. Das Triumphkreuz und die Schnitzfigur der Maria mit Kind stammen aus dem Spätmittelalter, während die reich verzierte Nordempore zwischen 1630 und 1700 entstanden ist. Der Altar von 1738 und die üppig geschmückte Kanzel mit Schalldeckel wurden von Martin Becker geschaffen und zeigen typische Stilelemente des Rokoko. Und wie in vielen Kirchen entlang der Ostseeküsten finden wir auch in diesem Gotteshaus zwei Votivschiffe aus der ersten Hälfte des 19. Jahrhunderts, die zum Dank für eine glückliche Heimkehr von den Seeleuten geschnitzt und aufgetakelt worden sind.

Am Ortsende von Rambin in Richtung Samtens befindet sich außerdem eine aus Backsteinen errichtete Kapelle, die zum ehemaligen Kloster St. Jürgen gehörte. Das Kloster war von dem Stralsunder Ratsherrn Godeke von Wickede 1334 »zu Gebrauch und Pflege von Aussätzigen und Armen auf Rügen« gestiftet worden. Die Kapelle bestand aus einem saalartigen, flachgedeckten Schiff mit zweijochigem Chor. 1773 wurde die in einem Park gelegene Klosterkapelle für Wohnzwecke umgebaut und lange Zeit als Altersheim genutzt. Heute wird der kleine Backsteinbau gern von einheimischen Künstlern für Ausstellungen genutzt.

Doppelseite:
Blick in den Innen-
raum der Rambiner
Kirche

Rappin

Die Boddenküste zwischen Ralswiek und Neuenkirchen gehört zu den touristisch abgeschiedensten Regionen Rügens. Hier liegt auf halber Strecke in unmittelbarer Nähe zum Jasmunder Bodden das 1305 erstmals urkundlich erwähnte Dorf Rappin. Aus den Einkünften dieses Bauerndorfes soll Fürst Wizlaw III. seine Schulden bei Johann von Kiel beglichen haben.

Linke Seite: Die Kirche von Rappin

Bereits um 1300 wurde mit dem Bau des Chores begonnen, in gotischer Zeit folgten das kreuzrippengewölbte Langhaus mit der südlichen Vorhalle und die Sakristei. Ost- und Westgiebel der St. Andreaskirche sind durch Filialen und gestaffelte Blenden verziert. 1635 wurde südwestlich der Kirche der hölzerne Glockenturm errichtet.

Ältestes Ausstattungsstück ist eine mit Rundbogenfeldern und vier Gesichtsmasken verzierte Kalksteinfünte aus der zweiten Hälfte des 13. Jahrhunderts. Außerdem haben zwei kostbare spätmittelalterliche Abendmahlskelche alle Notzeiten überdauert. Der Altar, entstanden um 1669, ist als dreigeschossiger Säulenbau mit schmückendem Knorpelwerk gestaltet und wurde der Gemeinde von einem großzügigen Pastorenehepaar zum Geschenk gemacht. Er zeigt eine Kopie des Abendmahlsgemäldes von Rubens. Darüber wurde wie in vielen anderen Kirchen auch die Kreuzigungsgruppe angeordnet.

Unten: Blick in den Kircheninnenraum

Die Kanzel und der mit Gemälden geschmückte Beichtstuhl stammen beide aus dem Jahre 1702. Grabplatten des 18. Jahrhunderts und Wappenschilde weisen auf die verschiedenen Adelsgeschlechter der umliegenden Rittergüter hin.

Sagard

Der ehemalige Badeort Sagard, gelegen an der Westküste der Halbinsel Jasmund, war zu slawischer Zeit Mittelpunkt eines Gardevogteibezirkes, und in seiner Tempelburg wurde der heidnische Gott Pizamar verehrt. In einem Ort von so großer religiöser Bedeutung musste nach der Christianisierung der Insel auch ein entsprechend kraftvoller Kirchenbau entstehen. Und tatsächlich wirkt der mächtige, gedrungene Turm der im 13. Jahrhundert erbauten St. Michaelskirche wie eine Festung gegen das Heidentum.

Linke Seite: Die Kirche von Sagard

Von dem ursprünglichen spätromanischen Bau haben sich bis heute die Langhauswände sowie der westliche Teil des Triumphbogens erhalten. Erst um 1400, mit der Erneuerung des Chores und dem Anbau des nördlichen Seitenschiffes, traten mehr und mehr spätgotische Stilelemente in den Vordergrund. Um 1500 errichtete man das neue Langhaus mit der südlichen Kapelle. Nach der Fertigstellung des Westturmes mit seinem mäßig steilen, vierseitigen Helm erfolgte auch die Einwölbung des Langhauses; der Chor blieb flach gedeckt.

Erst rund 80 Jahre nach dem Ende des Dreißigjährigen Krieges, der auch auf Rügen von furchtbaren Verwüstungen und Plünderungen begleitet war, erhielt die Kirche wieder eine würdige Innenausstattung. Um 1720 wurden nach damaliger Vorschrift zwei Beichtstühle eingebaut. In den Jahren 1726/27 entstand der von dem Stralsunder Holzbildhauer Elias Keßler gestaltete Altar. Der Säulenaufbau mit Heiligenfiguren zeigt Darstellungen des Abendmahls und der Kreuzigung. Im Aufsatz über dem Giebel ist die Grablegung zu sehen, ergänzt durch erläuternde Inschriften.

Unten: Blick in den Kircheninnenraum

Auch die von einem aufwändigen barocken Prospekt geschmückte Orgel, 1796 von Christian Kindt erbaut, ist das Werk eines Stralsunder Meisters. Diese zweigeschossige Orgel gilt als das zweitälteste noch erhaltene Instrument der Insel. Kanzel, Taufe, Gestühl und Emporen wurden 1830 einheitlich in klassizistischem Stil erneuert.

Am Ortsausgang von Sagard in Richtung Bergen liegt direkt an der B96 übrigens der »Dobberworth«, das größte bronzezeitliche Hügelgrab Rügens, das unbedingt einen Abstecher lohnt.

Linke Seite: Die 1796 von Christian Kindt erbaute Orgel ist mit einem aufwändigen barocken Prospekt geschmückt.

Samtens

Samtens, eines der größten Bauerndörfer Rügens, war zu DDR-Zeiten das landwirtschaftliche Zentrum Westrügens. Schon von weitem grüßt die rote Backsteinkirche mit dem freundlichen Fachwerktürmchen ihre Besucher. Der in spätgotischer Zeit entstandene zweijochige Chor und das dreijochige Langhaus ruhen auf einem Fundament aus unbehauenen Findlingssteinen. Obwohl schriftliche Quellen bereits für 1321 einen Geistlichen in Samtens erwähnen, dürfte der eigentliche Bau erst hundert Jahre später fertig gestellt worden sein. Um 1662 wurde das Gotteshaus im barocken Stil verändert und gründlich renoviert.

Der Gesamteindruck vom Innenraum wird bestimmt durch das auf eingezogenen Strebepfeilern ruhende Kreuzrippengewölbe. An der Ostwand haben sich spätgotische Wandmalereien erhalten, darunter große Teile eines Gemäldes mit der Figur des Hl. Christopherus. Die übrigen Ausmalungen in Chor und Hauptschiff sind barockzeitlichen Ursprungs und wurden in den Jahren 1935/36 restauriert. Im Zuge dieser Restaurierungsarbeiten wurde auch das im 15. Jahrhundert gestaltete Triumphkreuz, das eindrucksvolle Werk eines unbekannten Meisters, vom Lettner auf den Altar umgestellt. Die noch erhaltenen Figuren des 1770 entstandenen Altaraufsatzes findet der Besucher heute an der Südwand des Kirchenschiffes. Sehenswert sind außerdem die drei prunkvollen Epitaphien der Familie von der Osten aus dem frühen 17. Jahrhundert, die u.a. Darstellungen des Leidensweges Christi und Bilder der Verstorbenen zeigen.

Linke Seite:
Die Kirche von Samtens

Oben:
Detail der barockzeitlichen Wandmalereien im Chor

Ps

Doppelseite:
Blick in den Chor der
Kirche von Samtens

Sassnitz

Die nördlichste Stadt Mecklenburg-Vorpommerns entstand aus dem Zusammenschluss von zwei ursprünglich selbstständigen Gemeinden: dem ehemaligen Fischerdorf Sassnitz und dem weiter westlich davon gelegenen Bauerndorf Crampas. 1824 setzte der Fremdenverkehr ein und in wenigen Jahrzehnten entwickelte sich Sassnitz zu einem der bekanntesten Modebäder an der Ostseeküste. Die schnell ansteigenden Besucherzahlen ließen auch den Bau eines Gotteshauses sinnvoll erscheinen, und so entstand in den Jahren 1880–1883 auf einem bewaldeten Hügel, genau an der Grenze zwischen den beiden Dörfern eine Kirche im neugotischen Stil. Gut betuchte Badegäste und einheimische Hoteliers sollen zur Finanzierung des Baus tief in die eigene Tasche gegriffen haben.

Linke Seite: Die Kirche von Sassnitz

Der Johanniskirche wurde asymmetrisch ein schlanker Turm vorgesetzt, der bis weit aufs Meer hinaus zu sehen ist. Die Inneneinrichtung des freundlichen Gotteshauses stammt noch aus seiner Entstehungszeit, und mit Rücksicht auf das hohe Fremdenverkehrsaufkommen finden hier bis zu 400 Besucher Platz. Neben der Kirche, im so genannten Söderblom-Haus, stehen weitere Räumlichkeiten für kirchliche und kulturelle Veranstaltungen zur Verfügung. Seminare, Ausstellungen und Raum für die eigene Betätigung und den Dialog mit anderen bietet das Grundtvighaus der Kirchengemeinde in der Seestraße 3.

Schaprode

In Schaprode legen heute die Fähren zur Insel Hiddensee ab, und bei einer Erkundungstour durch das alte Seefahrerdorf treffen wir auf Schritt und Tritt lebendige Zeugnisse seiner maritimen Geschichte an. Dem Besucher wird zunächst der Kirchturm mit seiner ungewöhnlichen Haube ins Auge fallen. Er ist so auffällig und weithin sichtbar, dass er den Seefahrern seit vielen Jahren als eingetragene Landmarke dient. Deshalb darf in der Nähe auch kein höherer Turm gebaut werden.

Linke Seite: Die Kirche von Schaprode dient den Seefahrern seit jeher als Landmarke.

Die Kirche von Schaprode stammt nachweislich aus der ersten Hälfte des 13. Jahrhunderts und ist damit - nach Bergen und Altenkirchen - das drittälteste Gotteshaus der Insel Rügen. Allerdings blieben von dem ursprünglichen Bau nur der romanische Chor mit der runden Apsis sowie Teile der Ostwand des ehemals dreischiffigen Langhauses erhalten. Im 15. Jahrhundert wurde mit dem Neubau des vierjochigen kreuzrippengewölbten Kirchenschiffes begonnen, das auf einem Fundament aus behauenen Findlingsblöcken ruht. Sie gaben nicht nur einen sicheren Stand, sondern wehrten auch das Grundwasser ab. Der hölzerne Dachreiter wurde erst 1668 aufgesetzt.

Unten: Blick in den Kircheninnenraum

Der Besucher betritt das Gotteshaus durch das Nordportal, wo eine ungewöhnlich starke, mit Nägeln beschlagene Tür aus Eichenholzbohlen ungebetenen Gästen den Zutritt verwehrt. Durch die Vorhalle gelangen wir in das Hauptschiff mit einer eindrucksvollen spätgotischen Triumphkreuzgruppe (um 1500) auf dem Lettnerbalken. Durchbrochene Kreuzblumen umgeben die Evangelistensymbole an den Enden des Kreuzes; zu Füßen des Gekreuzigten ste-

hen trauernd Maria und Johannes. Der Stralsunder Maler Franz Rose hat diese Gruppe Anfang des 18. Jahrhunderts farblich neu gefasst und dem barocken Stil der übrigen Ausstattungsstücke angepasst. Gemeinsam mit dem ebenfalls aus Stralsund stammenden Bildschnitzer Hans Broder schuf er nämlich in den Jahren 1722/23 Kanzel, Beichtstuhl und vermutlich auch die Taufe. Am Kanzelaufgang finden sich bemerkenswerte Darstellungen der beiden Reformatoren mit der erläuternden Inschrift: »Was Luther an das Licht gebracht, hat Bugenhagen bekandt gemacht«.

Von einem unbekannten Meister wurde dagegen der gleichfalls barocke Altaraufsatz aus der Zeit um 1730 geschaffen. Ihn schmücken Szenen aus dem Leben Christi: das Heilige Abendmahl, Kreuzigung und Auferstehung, eingerahmt von gedrehten Säulen, Akanthusschmuck und Evangelistenfiguren. Außer dem Patronatsgestühl (1742) erinnern auch zwei Grabplatten der Familie von Platen (1368 und 1403) an die Adelsgeschlechter der näheren Umgebung.

Linke Seite: Die Kirche von Schaprode

Sehlen

Auf halber Strecke zwischen Putbus und Bergen liegt in westlicher Richtung das kleine Dorf Sehlen. Die neugotische Kirche wurde auf einer kleinen Anhöhe errichtet und entstand in den Jahren 1866–1868. Finanziert wurde der Bau über Hauskollekten und Spendengelder. Weit über die Grenzen Rügens hinaus fand der Wunsch nach einer eigenen Kirche Gehör. Selbst der preußische König beteiligte sich mit einer Spende von 3000 Talern. Am 14. Dezember 1866 konnte die Kirche schließlich eingeweiht und ein eigener Pfarrer eingestellt werden.

*Linke Seite:
Die Kirche von Sehlen*

Das saalähnliche Kirchenschiff weist einen vieleckigen, gewölbten Apsisabschluss auf, die hölzerne Decke folgt der Form des Satteldaches. Auffallend sind die kraftvollen Strebepfeiler, über denen Spitzbogenfenster bis zu den umlaufenden Emporen reichen. Der schlichte Altar ist gemauert, der achteckige Kanzelkorb ruht auf einem ebenfalls achteckigen Fuß.

Mitte der 70er-Jahre drohte die Sehlener Kirche zu verfallen. Nach der Wende wurden jedoch Renovierungsarbeiten in Angriff genommen, so dass die zwischenzeitlich ausgelagerte, einmanualige Orgel wieder an ihren angestammten Platz zurückkehren konnte. Im Zuge dieser Instandsetzungsarbeiten entstanden auch neue Räumlichkeiten, darunter ein Gemeinderaum und eine kleine Teeküche.

*Unten:
Blick in den Chor*

Sellin

Unten:
Die Kirche von Sellin

Inmitten der dichten Buchenbestände der Granitz liegt der bekannte Badeort Sellin. Das ehemalige Fischerdorf erlebte seinen touristischen Aufschwung 1895 mit dem Bau der Kleinbahnstrecke zwischen Altefähr und Göhren. Die Besucherzahlen schnellten rasch in die Höhe, und mit Rücksicht auf die gewachsene Bedeutung des jungen Badeortes wurde das bislang von Lanken aus kirchlich betreute Sellin 1914 ausgepfarrt und zur selbstständigen Kirchengemeinde erklärt. Bereits ein Jahr zuvor hatte man das neue Gotteshaus eingeweiht, das nach Plänen des Architektenbüros Grisebach und Stein (Berlin-Charlottenburg) errichtet worden war.

Die Selliner wussten, was sie ihren Gästen und Einwohnern schuldig waren: Die achteckige »Gnadenkirche« entstand hoch über der See auf einer kleinen, bewaldeten Anhöhe, und hell leuchtet der zierlich wirkende Bau mit seinem roten Walmdach aus dem grünen Laub der Bäume hervor.

Der nach einem Brand im Jahre 1960 neu gestaltete Innenraum ist großzügiger, als der äußere Eindruck vermuten lässt, denn rund 200 Gottesdienstbesucher finden hier Platz. Die Ausstattung ist schlicht, der Raumeindruck wird von viel Holz in seiner natürlichen Maserung bestimmt. Hauptblickfang ist ein eichenes, mit Kupfer beschlagenes Hängekreuz.

Der besondere Stolz der Selliner aber ist die Orgel, die nach dem schon erwähnten Brand von der Firma Sauer aus Frankfurt an der Oder zu einem wertvollen Instrument mit zwei Manualen und acht Registern erweitert wurde – und der besonderen Pflege bedarf, weil sie im Kern eine pneumatische Orgel ist.

Swantow

Im südlichsten Zipfel der Insel Rügen, gegenüber der Halbinsel Drigge, liegt das alte Dorf Swantow. Noch 1318 hieß der Ort »Swantegore«, was soviel wie »Heiliger Berg« bedeutet. Die Legende berichtet, dass hier in einem kleinen Dorfteich viele Heiden von Absalons Priestern getauft worden sind. Und noch heute heißt der unscheinbare, halb zugewachsene Tümpel »Fünte«. Vermutlich wurde in Swantow bereits 1168, also dem Jahr der Zerstörung des Swantewitkultes, eine von Absalon geweihte Kirche errichtet, von der sich allerdings keine Reste erhalten haben.

Der polygonal geschlossene Chor ist der wohl älteste Teil der heutigen Backsteinkirche. Er wurde der schriftlichen Überlieferung zufolge 1469 zusammen mit dem Hochaltar »zu Ehren Gottes, des heiligen Stephan, aller Heiligen, des Erzengels Michael,

Unten: Innenansichten der Swantower Kirche

Rechte Seite: Die Kirche von Swantow

der Jungfrau Catharina und der Erscheinung des Herrn« geweiht. In der Folgezeit wurden das von einem Kreuzrippengewölbe abgeschlossene dreijochige Langhaus und die Sakristei angebaut; nach 1500 kam der quadratische Westturm hinzu. 1785 wurde die Kirche in größerem Stil umgestaltet, wodurch unter anderem der Chor sein Spiegelgewölbe erhielt. Von jetzt an betrat man die Kirche durch das rundbogige, zweistufige Felsenportal im Westen des Turms.

Im Innenraum entdeckt man an den Chorwänden noch Reste der mittelalterlichen Bemalung. Aus der Zeit um 1400 stammt die Kreuzigungsgruppe auf dem Altar, die aus der Poseritzer Kirche übernommen wurde. Den in den Jahren 1785–1787 entstandenen Schnitzaltar schmückt ein Rocailledekor. Zur Schlichtheit des Raumes passt auch die einfach gestaltete Kanzel von 1705. Sie wird von einer Petrusfigur mit säulenartigem Kopfpolster getragen, während den Schalldeckel eine Figur des Triumphators ziert. Taufe, Orgel und Gestühl sind moderne Zugaben aus dem 19. Jahrhundert. In jüngster Zeit konnte auch das Votivschiff, eine Dreimastbark aus dem Jahre 1848, restauriert und wieder im Kirchenraum aufgehängt werden.

Trent

Linke Seite:
Die Kirche von Trent

Die weiten fruchtbaren Ebenen Nordwestrügens wurden in erster Linie von den großen Rittergütern bewirtschaftet. Nur wohlhabende Dörfer konnten sich gegen die Macht des Adels und das furchtbare »Bauernlegen« zur Wehr setzen – so wie das Bauerndorf Trent. Und vom Selbstbewusstsein der Trenter zeugt auch die eindrucksvolle St. Katharinenkirche, die bereits 1318 erstmals als »ecclesia in Thorente« urkundlich erwähnt wird.

Eine Besonderheit der Trenter Kirche besteht darin, dass der um 1400 entstandene kreuzrippengewölbte Chor längs zur Mittelachse steht. Vom dazugehörigen Langhaus sind nur noch Reste vorhanden. Ende des 15. Jahrhunderts wurde das heutige Langhaus als dreischiffige gotische Halle errichtet, und in dieser Bauphase entstand vermutlich auch der massive dreistöckige Westturm. Seine schießschartenähnlichen Mauerschlitze lassen erkennen, dass die Kirche in kriegerischen Zeiten auch der Verteidigung gedient hat. Erst 1602 erhielt der Turm im Zuge von Erneuerungsarbeiten seine markante geschweifte Haube.

Das Kircheninnere wird bestimmt von einem kunstvoll geschnitzten Barockaltar aus dem Jahr 1752, ein Werk des Stralsunder Meisters Michel Müller. Links und rechts des Kreuzes stehen Moses und Aaron als freiplastische Figuren, im weiteren Aufbau sind figürliche Darstellungen der vier Tugenden (Klugheit, Mäßigkeit, Standhaftigkeit und Gerechtigkeit) zu erkennen. Den oberen Abschluss bildet eine von Engeln getragene Weltkugel mit der Dreieinigkeit.

Ebenfalls aus der Werkstatt von Michel Müller stammen der aufwändig gestaltete Beichtstuhl in Form einer Gartenlaube (1754) und der Taufständer. Die Kanzel hingegen entstand bereits Anfang des 17. Jahrhunderts und folgt den Stilmerkmalen der Renaissance. Die Ostwand birgt drei Sakramentsnischen mit Fresken. Auch Wappen der Patronatsfamilie von Platen sind erhalten.

Doppelseite:
Blick in den Kirchen-
innenraum der
Trenter Kirche

Vilmnitz

Auf einer gut ausgebauten schattigen Allee erreichen wir Vilmnitz, ein freundliches Bauerndorf, das bereits in einer Urkunde aus dem Jahre 1249 erwähnt wird. Beim Anblick der stattlichen Kirche mit dem uralten Friedhof und dem benachbarten, kleinen Pfarrhaus fühlt man sich unwillkürlich in die Vergangenheit zurückversetzt. Bereits Mitte des 13. Jahrhunderts wurde mit dem Bau des Gotteshauses begonnen, und seine imposante Größe ist sicherlich auch darauf zurückzuführen, dass hier die Familie der Herren, Grafen und späteren Fürsten zu Putbus ihre letzte Ruhestätte gefunden hat.

Linke Seite: Die Kirche von Vilmnitz

Insgesamt 27 zum Teil prunkvoll verzierte Särge aus dem Zeitraum von 1637–1856 gehören zur Familiengruft des Hauses Putbus. Weil diese Gruft in den letzten Jahrzehnten insbesondere unter den schlechten Belüftungsverhältnissen stark zu leiden hatte, wird derzeit an ihrer Restaurierung gearbeitet. Unter den erhaltenswerten Details finden sich auch Familienwappen, kunstvoll bemalte Putten und Löwenköpfe, die hoffentlich bald für die Öffentlichkeit zugänglich sind.

Der Chor, der sich über der fürstlichen Begräbnisstätte befindet, ist außen durch einen romanischen Rundbogenfries verziert und wölbt sich hoch über dem Besucher. Von seiner frühen Entstehungszeit zeugen die im Sockel vermauerten Feldsteine. An der Südwand befindet sich eine Priesterpforte mit aufwändig gestalteter Umrahmung. Der kleine Anbau an der Südseite diente früher als Aufgang zur Patronatsloge. Von dort blickt man auf die Kanzel, eine Arbeit von Hans Broder aus Stralsund (1708/09). Eine Mosesstatue trägt den Kanzelkorb mit den vier Evangelisten.

Unten: In der Vilmnitzer Kirche finden sich zahlreiche Epitaphien der rügenschen Fürstengeschlechter.

Rechte Seite:
Blick in den Kircheninnenraum der Vilmnitzer Kirche, im Vordergrund rechts die Patronatsloge

Besonders erwähnenswert sind weiterhin die von Klaus Midow geschaffenen vier großen Sandsteinepitaphien im Chor der Vilmnitzer Kirche. Sie gelten als kleine Meisterwerke der Spätrenaissance. Während an der Nordseite die Herren Ludwig und Erdmann zu Putbus dargestellt sind, finden wir an der Südseite Anna Maria und Sabine Hedwig zu Putbus.

Auch der Altar aus Sandstein (1603) stammt vermutlich aus der Werkstatt Midows. Er zeigt im Sockel das Heilige Abendmahl, zwischen den Säulen die Kreuzigung und über dem Architrav die Auferstehung und weist große Ähnlichkeiten zur Gestaltung der Epitaphien auf.

Vitt

Unten:
Die Uferkapelle von Vitt

Wer von Kap Arkona aus entlang der Steilküste auf das bekannte Fischerdörfchen Vitt zuwandert, der findet sich plötzlich vor einer kleinen rohrgedeckten Kapelle wieder, die einsam inmitten der Landschaft steht. Und so ungewöhnlich wie ihre Erscheinung ist auch die Entstehungsgeschichte der Vitter Uferkapelle.

Der schon erwähnte Altenkirchener Pastor und Dichter Ludwig Gotthard Kosegarten betreute auch die Mitglieder der Vitter Gemeinde. Aber weil die Fischer von Vitt in der Heringssaison unmöglich den sieben Kilometer langen Fußmarsch nach Altenkirchen auf sich nehmen konnten, rief sie der erfindungsreiche Kosegarten auf einem freien Platz im Angesicht des Meeres zu Andacht und Gebet zusammen. Seine »Uferpredigten« waren schon bald in aller

Munde, und so mancher Rügenbesucher wanderte sonntags zu dem einsamen Steilufer hinauf, um den Worten des gebildeten und sprachgewaltigen Predigers zu lauschen.

Doch nicht immer war das Wetter der »Freiluftgemeinde« wohl gesonnen, und so ließ Kosegarten mit Hilfe der damals zuständigen schwedischen Regierung im Jahre 1806 eine kleine Kirche erbauen, die jedoch infolge der französischen Besetzung erst 1816 eingeweiht werden konnte. Seit 1852 gibt es auch eine vorgebaute Sakristei, deren kleine Glocke die Gemeinde zum Gottesdienst lädt.

Das Innere des achteckigen Zentralbaus wirkt durch seine ausgesprochene Schlichtheit. Wir finden naturbelassene Holzbänke und einfache Fußsteinplatten vor. Der Kanzelaltar stammt aus dem Jahre 1882, ein gusseisernes Kruzifix aus dem Entstehungsjahr der Kirche. Als einzigen Schmuck leistete sich Kosegarten – wie schon in Altenkirchen – eine Kopie des Gemäldes »Christus rettet den im Meer versinkenden Petrus« von Philipp Otto Runge.

Blick auf den Kanzelaltar (1882) der Vitter Kapelle

Hauptschmuck der Kapelle aber ist das überlebensgroße Wandgemälde, das die Eingangstür umrahmt: Der bekannte italienische Maler Gabriele Mucchi war so begeistert von der kühlen Schönheit des Nordens, dass er 1990 eine Fischergruppe malte, die besorgt zu einigen Schiffen hinausblickt, die an einem stürmischen Tag in Seenot geraten sind. Hilfe zu leisten, ist für die Küstenbevölkerung selbstverständlich, auch unter Einsatz des eigenen Lebens. Wir sehen Junge, Alte sowie hilflose Frauen und Kinder, denen nur das Warten und Beten bleibt. Überragt wird die Szenerie von der Gestalt des Hl. Christopherus, der Christus über das tobende Meer trägt.

Übrigens lockt die ungewöhnliche Akustik des Kirchenraumes immer wieder ambitionierte Künstler zu Konzerten in das kleine Gotteshaus abseits der großen Welt.

Die Eingangstür der Vitter Kapelle wird umrahmt von einem überlebensgroßen Wandgemälde des bekannten italienischen Malers Gabriele Mucchi.

Waase

Linke Seite: Die Kirche von Waase

Unmittelbar hinter der hölzernen Brücke über den Bodden liegt Waase, das größte Fischerdorf der Insel Ummanz. Tief geduckt unter windzerzausten Baumkronen fügt sich die kleine Backsteinkirche wie ein gewachsenes Stück Natur in ihre Umgebung ein. Und nichts deutet darauf hin, dass sich hier unter dem roten Ziegeldach eines der bedeutendsten sakralen Kunstwerke Norddeutschlands verbirgt.

Die Anfänge des heutigen Gotteshauses gehen auf die Mitte des 15. Jahrhunderts zurück. Aus dieser Zeit dürften der kreuzrippengewölbte Chor und die Sakristei stammen, während das Fachwerk-Langhaus erst im 16./17. Jahrhundert errichtet wurde. In einer letzten Bauphase entstanden im 18. Jahrhundert der südliche Choranbau und der hölzerne Dachreiter über dem Westgiebel. Der frei stehende Glockenstuhl vor der Nordwestecke der Kirche wurde 1927 errichtet und mit einer bereits vor rund 400 Jahren in Stralsund gegossenen Glocke bestückt.

Im Innern haben sich an den Wänden von Chor und Triumphbogen Malereien aus der Zeit um 1470 erhalten, die bei Restaurierungsarbeiten in den 30er-Jahren freigelegt werden konnten. Aus dem 15. Jahrhundert stammt auch der gemauerte Sakramentsschrein vor der Ostwand. Das eigentliche Kleinod der Waaser Kirche aber ist ein ausgesprochen qualitätvoll gearbeiteter gotischer Schnitzaltar aus Eichenholz mit bemalten Klappflügeln. Geschaffen um 1520 in einer Antwerpener Werkstatt, stellt er die Lebensgeschichte des englischen Erzbischofs Thomas Becket und Stationen der Passion Christi dar.

Ursprünglich war der Altar für England bestimmt gewesen, wo der 1173 heilig gesprochene Geistliche schwärmerisch verehrt wurde. Zwischenzeitlich hatten sich dort jedoch die politisch-religiösen Verhältnisse gewandelt, weshalb geschäftstüchtige Kaufleute aus Stralsund das erlesene Stück zu einem günstigen Preis erwarben. Die Stralsunder stellten den reich verzierten Altar zunächst in der Nikolaikirche auf. Von dort wurde er an die Heilgeistkirche übergeben, bis er 1708 seine endgültige Heimat in der Waaser Kirche fand - eine Entscheidung, die die Stralsunder heute bitter bereuen.

Es dauert eine Weile, bis man die Fülle der vergoldeten Schnitzereien und Bildtafeln betrachtet hat, ständig entdeckt man neue Details. Zu den weiteren Ausstattungsstücken der kleinen Kirche gehört ein gotisches Kruzifix (1500), eine auf 1572 datierte Renaissancekanzel sowie drei kostbare Messingkronleuchter, die ebenfalls aus Stralsund übernommen worden sind - und einmal mehr die historisch gewachsene Beziehung zwischen der Ummanzer Dorfkirche und der Stralsunder Klosterkirche veranschaulichen.

Unten:
Der gotische Schnitzaltar entstand um 1520 in einer Antwerpener Werkstatt.

Wiek

Ungewöhnlich groß ist die spätgotische Backsteinkirche von Wiek oder »Medow« (Honigort), wie die Ansiedlung in slawischer Zeit hieß. Schon im Mittelalter lag hier der wichtigste Hafen der Halbinsel Wittow, und tatsächlich sollte sich Wiek - gleich nach den alten Marktflecken Gingst, Poseritz und Sagard - zum größten Dorf auf Rügen entwickeln.

Große Teile des heutigen Gotteshauses entstanden im 15. Jahrhundert. Auch hier bildeten Chor und Sakristei die eigentliche Keimzelle des Kirchenbaus, während das kreuzrippengewölbte Langhaus und die Vorhalle erst später eingefügt wurden. 1787 wurde hier eine Gruft angebaut, die inzwischen als Leichenhalle genutzt wird. Jüngste Zutat ist der frei stehende Glockenstuhl, der um 1600 den zerstörten Dachreiter ersetzte.

Unten: Blick auf den barocken Altar aus der Werkstatt von Michel Müller

Im Kircheninnern wird der Chorraum für die Geistlichkeit von dem Gemeinderaum durch den Lettnerbalken getrennt. Auf ihm ruht als verbindendes Element eine Triumphkreuzgruppe (1300), darunter die aus der Zeit um 1500 datierenden Figuren von Maria und Johannes. Ältestes Ausstattungsstück der Kirche ist die um 1250 entstandene Kalksteinfünte, die wahrscheinlich aus dem 1318 erwähnten Vorgängerbau übernommen worden ist.

Erstaunt wird der Besucher vor einem spätmittelalterlichen Reiterstandbild stehen bleiben, das sich in die künstlerische Ausgestaltung des Kircheninneren nicht so recht einfügen will. Der geharnischte Ritter mit dem lang herabwallenden Haar hat allerdings keinesfalls zufällig den Weg in diese Kirche gefunden. Es ist St. Georg,

Schutzpatron der Seefahrer und Reisenden, der einer Sage zufolge die Bauern auf Wittow einst von einer schrecklichen Maulwurfsplage befreit haben soll - und aus Dankbarkeit hätten die Wittower dieses hölzerne Standbild anfertigen lassen. In Wahrheit aber ist er ein Geschenk der Pommernherzogin aus Anlass der Kirchenweihe.

Linke Seite:
Die Kirche von Wiek

Der barocke Altaraufsatz von 1747 stammt aus der schon mehrfach erwähnten Werkstatt von Michel Müller aus Stralsund. Der hölzerne Taufständer und einer der beiden Beichtstühle sind ebenfalls barockzeitlichen Ursprungs, während die Kanzel erst nach einer Renovierung im Jahre 1826 angebracht wurde. Auch das Kirchengestühl, die Emporen und die Orgel stammen aus dem 19. Jahrhundert.

Zwischenzeitlich konnte die Wieker Dorfkirche umfassend restauriert werden, und bei dieser Gelegenheit wurden unter anderem die Wandmalereien im Chor und die zahlreichen barocken Epitaphien des Landadels erneuert.

Zirkow

Für das kleine, an der alten Landstraße von Bergen nach Mönchgut gelegene Bauerndorf Zirkow ist bereits in einer Urkunde aus dem Jahr 1313 von einer Kirche die Rede. Der heutige Backsteinbau geht jedoch auf die erste Hälfte des 15. Jahrhunderts zurück, was nicht zuletzt durch die Hinterlassenschaft eines Handwerkers belegt werden kann: Ein gewisser Bartholomäus Blome hatte nämlich mit seinem Namen auch die Jahreszahl 1417 in eine Gewölbekappe geritzt.

Linke Seite: Die Kirche von Zirkow

Der kreuzrippengewölbte, zweijochige Chor mit seinen dreiteiligen Fenstern, glatten Außenwänden und dem gesimslosen, unregelmäßigen Findlingssockel wurde zuerst fertig gestellt. Wenig später folgten das dreijochige Langhaus und der Westturm, wobei die glatten Außenwände des Chors beibehalten und spitzbogige Fenster eingesetzt wurden. Die schlanke Turmspitze ist achtseitig und mit Holzschindeln eingedeckt. Zu der Bronzeglocke aus dem Jahr 1469 kam 1929 eine Stahlglocke hinzu.

Auffällig im Kircheninnern sind die 1948 frei gelegten Gewölbemalereien, darunter fratzenhafte Gesichter, deren Bedeutung unklar ist. Ähnliche Masken und Symbole wurden allerdings auch in Altenkirchen gefunden. Wichtigstes Ausstattungsstück ist der Kanzelaltar, der aus der ersten Hälfte des 18. Jahrhunderts stammt und von Doppelsäulen eingerahmt wird. Die beiden Beichtstühle werden heute als Sakristei genutzt, weil der ursprünglich dafür vorgesehene Raum zur Grabkammer umgestaltet worden ist. Auch ein schwebender Taufengel, typisch für viele pommersche Landkirchen, fehlt in Zirkow nicht. Die heutige Orgel mit neugotischem Prospekt stammt aus dem 19. Jahrhundert, von dem alten Instrument waren nur noch Fragmente erhalten.

Christus hat uns
geliebet und sich
selbst dargegeben
für uns
JHS
Neu

Doppelseite: Blick in den Innenraum der Zirkower Kirche

Zudar

Linke Seite:
Die Kirche von Zudar

Flach und sturmzerzaust, so präsentiert sich die Halbinsel Zudar im Süden von Rügen. Hier sind Sagen und Märchen zu Hause, und eine davon erzählt die Entstehungsgeschichte der Kirche: »Als darüber verhandelt wurde, an welchem Platz auf dem Zudar die Kirche gebaut werden sollte, trafen sich alle Großen von Rügen, um die Sache zu bereden. Nach langen Beratungen kam man überein, die Kirche an der Stelle zu errichten, die heute »de Jüls« heißt. Einer der Anwesenden steckte an die ausgewählte Stätte seinen Speer in die Erde. Am anderen Morgen jedoch war der Speer nicht mehr dort. Erst nach längerem Suchen fand man ihn weiter nördlich in der Erde stecken. So hatte Gott selbst darüber entschieden, wo sein Haus stehen sollte, und dort wurde die Kirche 1318 auch gebaut.«

Die schlichte gotische Kirche mit rundem Triumphbogen und niedriger Einwölbung war im 14. Jahrhundert ein berühmtes Wallfahrtsziel, weil hier ein der Legende zufolge wundertätiges Heiligenbild aufbewahrt wurde. Zwei Pilgerfahrten nach Zudar waren im Mittelalter gleichbedeutend mit einer nach Rom! Als jedoch im Jahre 1372 ein Schiff auf dem Weg zur Kirche der Heiligen Maria verunglückte und alle Wallfahrer ums Leben kamen, wurde es still um das kleine Gotteshaus.

Zu den erwähnenswerten Ausstattungsstücken im Kircheninnern zählen ein 1707 in der Stralsunder Werkstatt von Hans Broder geschaffener Altaraufsatz und eine spätbarocke Kanzel aus dem Jahre 1765. Und auch in der Kirche von Zudar hat sich noch ein gleichfalls aus dem 18. Jahrhundert stammender Beichtstuhl erhalten.

Unten:
Blick in den Kircheninnenraum

Katholische Kirchen auf Rügen

Bergen – St. Bonifatius

In der mehrheitlich protestantischen Kreisstadt Bergen konnten katholische Familien nur schwer Fuß fassen. Im 18. Jahrhundert war für die Insel Rügen offiziell der katholische Geistliche von Stralsund zuständig, und noch bis zur Mitte des 19. Jahrhunderts konnten Gottesdienste nur vereinzelt in Privathäusern abgehalten werden. 1863 wurde dann für die kleine Gemeinde etwas abseits vom Stadtkern ein Missionshaus mit Kapelle gebaut, ein Jahr später stellte man mit Gustav Machai einen ersten Seelsorger ein. Es folgte der Bau eines Pfarrhauses, und von 1868–1878 gab es sogar eine katholische Schule. 1871 wurden auf der gesamten Insel 200 Katholiken gezählt.

Rügen gehörte bis 1930 zum Erzbistum Breslau. Von dort kam 1904 der wohl bekannteste Pfarrer Bergens, Maximilian Kaller, der bis 1917 auf der Insel gewirkt hat. Während seiner Amtszeit entfaltete sich das katholische Leben zu neuer Blüte. Er gewann den Berliner Architekten August Kaufhold für den Umbau der längst

Links:
Blick in den Kircheninnenraum

zu klein gewordenen Kapelle, und im Juni 1912 konnte die St. Bonifatiuskirche benediziert werden. In dieser Zeit wurden auch in Sellin, Garz und später in Binz katholische Kapellen errichtet, die von den Bergener Geistlichen mitbetreut wurden. Unter den Gottesdienstbesuchern gab es eine große Zahl von polnischen Landarbeitern.

Linke Seite: Die katholische Kirche in Bergen

Der etwas abseits vom Lärm der Stadt gelegene neugotische Backsteinbau hat nur an der nördlichen Seite ein ausgebautes Querschiff einschließlich der Empore. Zunächst trug ein kleiner Dachreiter, wie er auf vielen Kirchen Rügens zu finden ist, die Glocke. Auf Initiative von Pfarrer Willimsky wurde jedoch in den 40er-Jahren ein kleiner Glockenturm angebaut, der aber erst seit 1964 mit seinem Geläut die Gemeinde zum Gottesdienst lädt. In der Kirche hat man in jüngster Zeit eine Büste von Maximilian Kaller aufgestellt, um die Erinnerung an den einstigen Pfarrer der St. Bonifatiuskirche und späteren Bischof von Ermland lebendig zu halten. Seit Ostern 2000 erklingt in der Kirche wieder eine Orgel, ein über 130 Jahre altes Instrument, dessen neugotisches Gehäuse sich stilistisch sehr gut in die übrige Architektur der Bergener Kirche einfügt. Diese so genannte »romantische Orgel« gelangte über das Bistum Augsburg auf die Insel Rügen und wurde aus Spendengeldern finanziert.

Binz – Stella Maris

Als der Wiener Professor Wilhelm Bonk 1924 in Binz ein katholisches Kinderheim gründete, gab es für den aufstrebenden Badeort mit nur einer katholischen Familie eigentlich noch keinen Grund, auch den Bau einer katholischen Kapelle ins Auge zu fassen. Wenn man sich kurze Zeit später dennoch dazu entschloss, so tat man dies in erster Linie mit Rücksicht auf den stetig zunehmenden Urlauberstrom aus dem Süden Deutschlands. Mit dem Bau des riesigen KdF-Bades in Prora ließen sich zudem viele katholische Arbeitskräfte in Binz nieder, wo sie schon bald eine in sich geschlossene Gemeinde bildeten. Mit dem Ende des Zweiten Weltkrieges schließlich strömten zahllose Flüchtlinge aus Ostpreußen, Schlesien und Hinterpommern in die Badeorte. Diese überwiegend katholischen »Umsiedler« fanden in Binz ebenfalls eine neue Heimat und geistlichen Beistand.

Die kleine Kapelle unter den rauschenden Wipfeln uralter Buchen, ein schlichter lang gestreckter Flachbau, ist der »Stella Maris« geweiht, der Gottesmutter, die als Stern des Meeres nicht nur dem Fischer auf hoher See Richtung und Ziel weist. 1997 wurde eine restaurierte Marienfigur, die Arbeit eines italienischen Meisters vom Ende des 19. Jahrhunderts, wieder im Altarraum aufgestellt. Seit sich Binz mit der politischen »Wende« zu einer touristischen Hochburg auf Rügen entwickelt hat, kann die kleine Kapelle dem sommerlichen Urlauberstrom nicht mehr standhalten. Derzeitig wird daher ein völlig neuer Kirchenbau konzipiert.

Oben:
Die katholische Kirche in Binz

Links:
Blick in den Kircheninnenraum

Garz – Herz Jesu

Garz, die alte Hauptstadt Rügens, liegt inmitten riesiger landwirtschaftlicher Flächen. Zur Erntezeit quartierten sich traditionell Tausende polnischer Landarbeiter in den so genannten Schnitterkasernen ein, um die reiche Ernte einzubringen. Das Bedürfnis nach Seelsorge war bei den polnischen Schnittern so groß, dass sie sogar bereit waren, den Kirchenbau durch Spenden mitzufinanzieren. Pfarrer Maximilian Kaller stellte deshalb 1911 bei den staatlichen Stellen den Antrag zum Bau einer katholischen Kirche für einheimische Familien und polnische Gastarbeiter.

Linke Seite: Die katholische Kirche in Garz

Die neue Herz-Jesu-Kirche, entworfen von dem Berliner Architekten August Kaufhold, wurde am 1. Juni 1913 benediziert. Es ist ein einschiffiges neugotisches Gotteshaus mit kleinem Turm und wurde in verkehrsstrategisch günstiger Lage gegenüber dem damaligen Kleinbahnhof errichtet. In den Jahren von 1956–1965 erfuhr die kleine Kirche noch einmal eine gründliche Umgestaltung. Die Fenster wurden zugemauert und der Innenraum erhielt einen neuen Sandsteinaltar. Schließlich wurde zum Dreikönigsfest des Jahres 1971 ein lebensgroßes romanisches Kruzifix aufgestellt, dessen Wundmale aus Bernstein gestaltet sind. Der Tabernakel fand seinen Platz links vom Altarraum. Anfang 1995 wurde die Gemeinde mit zuletzt etwa 300 Katholiken aufgelöst und mit der Pfarrei Bergen vereinigt.

Sellin – Maria Meeresstern

Auf Wunsch vieler zahlungskräftiger Badegäste aus Süddeutschland trug sich die Gemeindeverwaltung Sellin bereits Anfang des 20. Jahrhunderts mit dem Gedanken, auch den katholischen Urlaubern eine regelmäßige geistliche Betreuung im Badeort zukommen zu lassen. Die Genehmigung für einen Kirchenbau wurde zwar von Regierungsseite erteilt, verband sich allerdings mit der Auflage, Einheimische und Schnitter von den umliegenden Gütern nicht zum Gottesdienst zuzulassen.

Linke Seite: Blick in den Kircheninnenraum

So entstand 1912 auf einem Hügel der Granitz, nahe der Steilküste, die katholische Kirche von Sellin. Entworfen von dem Kölner Regierungsbaumeister Krings, erhebt sich inmitten der dichten Buchenbestände der Granitz eine Basilika, die neuromanische und -gotische Stilmerkmale miteinander vereint. Mehrere Nebenaltäre in den Seitenschiffen boten Urlaubspriestern die Möglichkeit, dort ihre Messen zu feiern.

Seit 1951 fand hier auf Anregung des Bischofs Wilhelm Weskamm im Zusammenwirken mit den rügenschen Geistlichen alljährlich am Pfingstmontag ein Treffen vieler Hundert Heimatvertriebener statt, die ihr traditionelles religiöses Brauchtum erhalten und pflegen wollten. Die Wallfahrer stifteten 1952 einen von Georg Tyllack geschnitzten Altar, der die über die Ostsee schreitende Maria mit dem segnenden Jesuskind auf dem Arm zeigt. Außerdem schmückt das Relief »Vom reichen Fischfang« (Lk. 5,5) das Innere der kleinen Kirche. Die zu DDR-Zeiten nicht erwünschte Wallfahrt führt seit der Wende jährlich Anfang September in die evangelische Marienkirche in Bergen, während aus der Tradition des Pfingstmontags der »Insel-Katholikentag« hervorgegangen ist.

Unten: Die katholische Kirche in Sellin

Glossar

Akanthus	Pflanze, die wegen ihrer schönen Blattform bereits in der Antike verwendet und später von Renaissance und Barock wieder aufgenommen wurde
Apsis	(griech. Bogen, Krümmung) Altarnische am äußersten Chorende. Ihre halbrunde Form stammt aus dem römischen Sakral- und Profanbau
Architrav	Der waagerecht auf den Säulen aufliegende Balken
Arkade	(latein. Bogen) Fortlaufende Reihe von Bogen auf Säulen oder Pfeilern. Auch der Laufgang, dessen Seite(n) durch mehrere Bögen geöffnet ist (sind). Die Blendarkade gliedert die Wand nur dekorativ
Basilika	(griech. Königshalle) Langbau mit einem Mittelschiff, das höher als die Seitenschiffe ist und eine Fensterzone (Obergaden) über deren Dächern aufweist. In der Spätgotik verliert die Basilika durch die Hallenkirche, in Renaissance und Barock durch Zentralbau und Saalkirche an Bedeutung
Campanile	(italien. Campana = Glocke) Im frühen Christentum ein oft frei neben der Kirche stehender, nicht sehr hoher Turm
Chor	Seit der karolingischen Zeit Bezeichnung für die Verlängerung des Mittelschiffs über die Vierung hinaus, die häufig einen quadratischen Grundriss hat
Empore	Tribüne oder Galerie, die entweder die Bodenfläche vergrößert, bestimmte Gruppen der Gemeinde absondert, die Orgel aufnimmt oder die Wand gliedert
Epitaph	(griech. Grabinschrift) Seit dem 14. Jhdt. vorkommendes Gedächtnismal für einen Verstorbenen in Form einer Platte, die innen oder außen an der Kirchenwand, an einem Pfeiler oder im Kreuzgang senkrecht aufgestellt wird
Fries	Schmaler Streifen, der Flächen begrenzt oder teilt, häufig ornamentiert
Hallenkirche	Langbaukirche, deren Seitenschiffe die gleiche oder annähernd gleiche Höhe des Mittelschiffs haben

Joch	Gewölbeabschnitt, der durch Gurte und Stützen von den benachbarten Gewölbeabschnitten bzw. Raumteilen abgegrenzt ist
Kartusche	Zierrahmen, häufig um Wappen
Konsole	Aus der Mauer vorspringender Tragstein für Balkone, Figuren, Balken usw.
Kreuzgewölbe	Es entsteht, wenn zwei Tonnengewölbe (Querschnitt ist ein Halbkreis oder Kreissegment) gleicher Höhe sich rechtwinklig durchschneiden. An der Stelle der Schnittstellen (Grate) werden Rippen gespannt, die in den verschiedenen Epochen unterschiedliche Profile zeigen
Lettner	Scheidewand zwischen dem Chor (für die Kleriker) und dem Mittelschiff (für die Laien)
Rocaille	muschelartiges Ornament des Spätbarock
Vierung	Quadratischer oder rechteckiger Raum im Kreuzungsbereich von Mittel- und Querschiff

Literaturverzeichnis

Gottfried Biermann (Hrsg.): Geschichte Rügens und seiner Kirchen. Passau 1994

Matthias Brühe: Katholische Kirchen in Vorpommern. Ein Porträt der Kirchen und Gemeinden für Einheimische und Gäste, Herausgegeben von der Pressestelle des Erzbistums Berlin. Berlin 2000

Norbert Buske: Kirchen auf Mönchgut. Berlin 1987

Georg Dehio: Handbuch der deutschen Kunstdenkmäler: Mecklenburg-Vorpommern. München 2000

Günter Gloede: Kirchen im Küstenwind, Bd. III: Kirchen auf Rügen und Hiddensee. 2. Aufl. Berlin 1984

Thomas Helms/Sabine Bock: Kirchen auf Rügen und Hiddensee. Bremen 1992

W. Petzsch: Rügens Burgwälle und die slavische Kultur der Insel. 1927

Albert Georg von Schwarz: Diplomatische Geschichte der Pommersch=Rügischen Städte. 1755

Hugo Westphal: Die gotischen Landkirchen auf Rügen. Greifswald 1937

Ortsregister

Mehr über Mecklenburg-Vorpommern aus der EDITION TEMMEN:

Rügen – Sagen und Geschichten
hrsg. von Heinz Lehmann
112 S., 27 farb. Abb.,
ISBN 3-86108-409-0
6.90 €

Rügen und Hiddensee 1860–1945
128 S., 160 historische Fotos,
ISBN 3-86108-709-X
9.90 €

Mecklenburg's Volkssagen
556 S., 22 Abb.,
ISBN 3-86108-710-3
17.90 €

Mühlen in M.-Vorpommern
152 S., 174 Abb.,
ISBN 3-86108-054-0
ca. 14.90 €

Schlösser und Herrenhäuser auf Rügen
208 S., 186 Abb.,
ISBN 3-86108-912-2
14.90 €

Mehrsprachige Portraits

Seebad Binz dt./engl.
60 S., 53 farb. Abb.,
ISBN 3-86108-931-9
7.90 €

Fischland – Darß – Zingst dt./engl.
60 S., 58 farb. Abb.,
ISBN 3-86108-939-4
7.90 €

Greifswald dt./engl./schwed.
64 S., 61 farb. Abb.,
ISBN 3-86108-497-X
9.90 €

Rostock dt./engl./frz./schwed.
60 S., 58 farb. Abb.,
ISBN 3-86108-438-4
8.90 €

Stralsund dt./engl./frz.
60 S., 53 farb. Abb.,
ISBN 3-86108-940-8
9.90 €

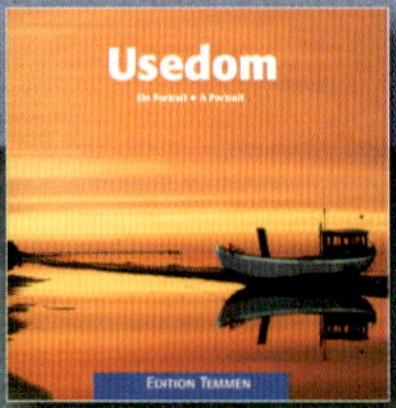

Usedom dt./engl.
64 S., 64 farb. Abb.,
ISBN 3-86108-447-3
8.90 €

Waren-Müritz dt./engl./poln.
60 S., 56 farb. Abb.,
ISBN 3-86108-913-0
9.90 €

OSTSEE
Kap Arkona
Mövenort
Putgarten
Vitt
Starrwitz
Alten-
kirchen
Nobbin
Dranske
Wieker
Bodden
Wiek
Juliusruh
Breege
Tromper
Wiek
Sperr-
gebiet
Wittow
Schaabe
Bug
Kloster
Ruschvitz
Glowe
Vitte
Wittower
Fähre
Spyker
Bobbin
Neuenkirchen
Granskevitz
Trent
Neuen-
dorf
Großer
Jasmunder
Bodden
Sagard
Klementel-
vitz
Schaprode
Öhe
Nationalpark
Vorpommersche
Boddenlandschaft
Muttland
Ummanz
Silenz
Lietzow
Tankow
Waase
Ralswiek
Hiddensee
Kluis
Kleiner
Jasmunder
Bodden
Suhrendorf
Gingst
Freesenort
Prora
Heu-
wiese
Bergen
Kubitzer
Bodden
Dreschvitz
96
196
196a
Sehlen
Rasender
Roland
Rambin
Putbus
Groß Stresow
Samtens
Kasnevitz
Lauterbach
S trelasund
Altefähr
Neuen-
dorf
Rostock
Vilm
Garz
Neukamp
Gustow
Drigge
Stralsund
Drigge
Poseritz
Groß-
Schoritz
Swantow
Rügischer Bodden
Zudar
Insel Tollow
S trelasund
Maltzien
Zudar
Stahlbrode
GREIFSWALDER
BODDEN
Greifswald